语言技能类 一年级教材

汉语阅读教程 修订本

HANYU YUEDU JIAOCHENG

第二册

彭志平 编著

北京语言大学出版社
BEIJING LANGUAGE AND CULTURE
UNIVERSITY PRESS

图书在版编目(CIP)数据

汉语阅读教程. 第2册/彭志平编著. —修订本. —北京：
北京语言大学出版社，2011重印
（对外汉语本科系列教材）
ISBN 978 – 7 – 5619 – 2354 – 2

Ⅰ. 汉… Ⅱ. 彭… Ⅲ. 汉语 – 阅读教学 – 对外汉语教学 –
教材 Ⅳ. H195.4

中国版本图书馆 CIP 数据核字（2009）第 043285 号

书　　名：	汉语阅读教程　修订本　第二册
责任编辑：	周婉梅／望震
版式设计：	张　娜
责任印制：	汪学发

出版发行：	**北京语言大学出版社**
社　　址：	北京市海淀区学院路15号　邮政编码：100083
网　　址：	www.blcup.com
电　　话：	发行部　82303650/3591/3648
	编辑部　82303647
	读者服务部　82303653/3908
	网上订购电话　82303668
	客户服务信箱　service@blcup.net
印　　刷：	北京中科印刷有限公司
经　　销：	全国新华书店

版　　次：	2009年4月第2版　2011年7月第4次印刷
开　　本：	787毫米×1092毫米　1/16　印张：11.25
字　　数：	143千字
书　　号：	ISBN 978 – 7 – 5619 – 2354 – 2/H·09025
定　　价：	36.00元（含录音CD）

凡有印装质量问题，本社负责调换。电话：82303590

前言

本书是《汉语阅读教程》的修订本。《汉语阅读教程》自1999年出版以来，被国内外不少教学单位选用。此次修订，保留了原编写体例，在内容上（包括生字、词语、课文及练习等）作了较大修改，主要是为了更好地配合《汉语教程》（修订本）的使用。原《汉语阅读教程》一、二册共60课，此次修订本一、二册共50课，第一册30课，第二册20课。

第二册各课体例大体包括：

一、生字；

二、字—词（词组）；

三、课文；

四、练习；

五、课外练习。

一、生字

这里给出的汉字均是《汉语教程》第二册上下册相应课目中出现的。形、音、义同时给出，目的是让学生在识记汉字的同时，将其读音和意思一并记住。教学中可考虑采取教师领读、学生认读的方法。为提高学生识辨汉字的速度，加强对汉字的记忆，教师可将汉字写在卡片上（或做成ppt），逐张呈现给学生，让他们识读。

二、字—词（词组）

这里给出的词和词组绝大部分是《汉语教程》中出现过的，而且都是常用词。以字—词（词组）的形式给出，目的是让学生了解出现在该词或词组中的汉字之间的组合关系。教学上可采取与"生字"相同的方法处理。

三、课文

本教材中大部分课文都是根据各课的生字、生词编写的，有些是根据一些资料改编的。学习编写的课文，是因为学生尚在汉语阅读的"起步阶段"，目的是让学生学习汉语书面语的阅读方法，所以课文都不太长，生词也适当控制，没出太多。在每篇课文的后边，都设计了一些练习，用来检查学生对课文的理解。建议教师在教学中先让学生自己阅读课文，然后通过练习检查学生对所读文章的理解情况。我们认为，教师示范朗读课文是必要的。

四、练习

在练习部分，我们设计了汉字认读、词或词组认读、字组词、选词填空等练习形式。这些练习目的都是为了帮助学生在辨别字形相似、读音相近或意思相仿的字、词或词组的过程中，熟练掌握学过的汉字和生词。建议在教学中让学生自己完成，教师亦可根据学生实际情况有选择地指导学生完成，并对学生在完成过程中出现的带有普遍性的问题作些适当的讲解。

五、课外练习

在课外练习中，我们设计了写汉字、给汉字注音并组词、阅读短文、预习生词等项内容。教学中，教师可根据具体情况灵活处理。

为便于学生更好地理解课文，培养汉语语感，课文部分配了录音，学生可以模仿朗读。

建议每课教学时间为1学时（50分钟）。

本教材部分练习的参考答案，我们放到了北京语言大学出版社的网站上，使用者可免费下载。下载方法：登录www.blcup.com，在产品查询框中输入"汉语阅读教程（修订本）第二册"，点击"查询"，然后在本教材专区的"相关资源下载"栏目中下载即可。

编　者

2009年1月

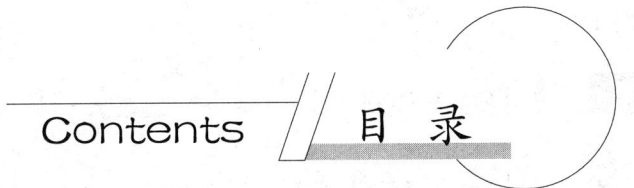

Contents 目录

第 一 课	Lesson One	(1)
第 二 课	Lesson Two	(9)
第 三 课	Lesson Three	(17)
第 四 课	Lesson Four	(25)
第 五 课	Lesson Five	(33)
第 六 课	Lesson Six	(41)
第 七 课	Lesson Seven	(49)
第 八 课	Lesson Eight	(58)
第 九 课	Lesson Nine	(66)
第 十 课	Lesson Ten	(74)
第 十一 课	Lesson Eleven	(83)
第 十二 课	Lesson Twelve	(91)
第 十三 课	Lesson Thirteen	(99)
第 十四 课	Lesson Fourteen	(107)
第 十五 课	Lesson Fifteen	(116)

第十六课	Lesson Sixteen	(124)
第十七课	Lesson Seventeen	(131)
第十八课	Lesson Eighteen	(138)
第十九课	Lesson Nineteen	(146)
第二十课	Lesson Twenty	(154)
汉字总表	Character Index	(162)
词汇表	Vocabulary	(170)

录音目录

01	第 1 课	课文	张华的爱好		11	第11课	课文	北京的四合院
02	第 2 课	课文	北京的四季		12	第12课	课文	布置房间
03	第 3 课	课文	我爱好体育运动		13	第13课	课文	北京首都国际机场
04	第 4 课	课文	汉字比赛		14	第14课	课文	儿子帮爸爸戒烟
05	第 5 课	课文	针灸		15	第15课	课文	京剧脸谱
06	第 6 课	课文	我的课余生活		16	第16课	课文	争先恐后
07	第 7 课	课文	听讲座		17	第17课	课文	中国国际广播电台
08	第 8 课	课文	注意交通安全		18	第18课	课文	哈尔滨冰灯
09	第 9 课	课文	鲁迅		19	第19课	课文	松 竹 梅
10	第10课	课文	婚礼		20	第20课	课文	数字趣话

Lesson 1

第一课　Dì-yī Kè

一 生字

变	biàn	to change
暑	shǔ	heat
城	chéng	city, town
市	shì	city
增	zēng	to increase
建	jiàn	to build
筑	zhù	to build
漂	piào	beautiful
亮	liàng	bright
冬	dōng	winter
暖	nuǎn	warm
温	wēn	warm, temperature
度	dù	degree
庭	tíng	hall
迷	mí	fan; to be fascinated by
光	guāng	only
许	xǔ	maybe, perhaps
古	gǔ	ancient

世	shì	world
界	jiè	boundary
歌	gē	song
曲	qǔ	music
轻	qīng	light, small in degree
遥	yáo	far, distant

二 字—词

变—化	变化	biànhuà	to change
暑—假	暑假	shǔjià	summer vacation
城—市	城市	chéngshì	city
增—加	增加	zēngjiā	to increase
建—筑	建筑	jiànzhù	to construct; building
漂—亮	漂亮	piàoliang	beautiful
冬—天	冬天	dōngtiān	winter
暖—和	暖和	nuǎnhuo	warm
暖—气	暖气	nuǎnqì	central heating
气—温	气温	qìwēn	air temperature
家—庭	家庭	jiātíng	family
也—许	也许	yěxǔ	perhaps
古—典	古典	gǔdiǎn	classical
世—界	世界	shìjiè	world
民—歌	民歌	míngē	folk song
歌—曲	歌曲	gēqǔ	song
歌—词	歌词	gēcí	lyrics

| 年—轻 | 年轻 | niánqīng | young |
| 遥—远 | 遥远 | yáoyuǎn | far, distant |

三 课文

张华的爱好

张华爱好音乐，会弹钢琴，会弹吉他。他还是一个歌迷，喜欢听歌，也喜欢唱歌。他家有很多音乐磁带和CD。

他喜欢西方的古典音乐，贝多芬、莫扎特、肖邦等音乐家的名曲CD他家里都有。他也很喜欢中国的民族音乐，《春江花月夜》、《二泉映月》等他都非常喜欢。他说音乐是没有国界的，东方人能听懂西方人的音乐，西方人也同样能听懂东方人的音乐。

他喜欢唱民歌，也喜欢唱流行歌曲。他买了很多卡拉OK盘，周末经常跟一些朋友去歌厅唱歌。他唱得还真不错。朋友们也都说他唱得很好，一点儿不比歌星们差，有机会参加个卡拉OK比赛，一定能得奖。张华说，"我喜欢听音乐，喜欢唱歌。我觉得音乐和歌曲可以增进人与人之间的感情

弹 tán（动）to play
钢琴 gāngqín（名）piano
吉他 jítā（名）guitar

西方 xīfāng（名）Western

民族 mínzú（名）folk

国界 guójiè（名）
　national boundary
东方 dōngfāng（名）
　the Orient

歌星 gēxīng（名）
　singing star
奖 jiǎng（名）award
增进 zēngjìn（动）
　to promote
感情 gǎnqíng（名）feeling

交流，可以加深相互间的了解，在这一点上，它比任何语言的力量都强大。你听，'这是心的呼唤，这是爱的奉献，……只要人人都献出一点爱，世界将变成美好的人间。'

交流 jiāoliú（动）
　to exchange
加深 jiāshēn（动）to deepen
强大 qiángdà（形）powerful
呼唤 hūhuàn（动）to call

专　名

贝多芬 Bèiduōfēn
　Beethoven
莫扎特 Mòzhātè　Mozart
肖邦 Xiāobāng　Chopin
春江花月夜
　Chūnjiāng Huāyuè Yè
　name of a piece of
　Chinese music
二泉映月 Èrquán Yìng Yuè
　name of a piece of
　Chinese music

◎ 读后判断正误

（1）张华对音乐很感兴趣。　　　　　　　　　　　　（　）

（2）张华喜欢西方的古典音乐，也喜欢中国的民族音乐。（　）

（3）《春江花月夜》是一首西方名曲。　　　　　　　（　）

（4）张华很喜欢唱歌。　　　　　　　　　　　　　　（　）

（5）张华参加过卡拉OK比赛，还得过奖。　　　　　（　）

（6）张华觉得音乐可以让人们相互了解得更深。　　　（　）

四　练习

1 快速找出与左边相同的词

变化：变为　变化　变成　变天

增加：增长　增进　增加　增多

家庭：法庭　家教　家常　家庭
城市：城里　城区　城内　城市
歌曲：歌声　歌曲　歌剧　歌词
古典：古代　古老　古画　古典
年轻：年青　年纪　年轻　年级

② 用下列汉字组词

暖　增　温　变　古　歌　年　城　名　建　家　远　庭

筑　市　轻　唱　曲　典　化　加　和　气　遥　词　民

_____

_____

③ 选词填空

(1) 这些都是近几年的新_____筑。　　　　　　　　　（建/健）

(2) 这是一首著名的中国_____。　　　　　　　　　　（唱歌/歌）

(3) 啊，这里的_____真大。　　　　　　　　　　　　（变化/变）

(4) 这家四星级_____附近还有几家小_____。

　　　　　　　　　　　　　　　　　　　　　　　　　（旅馆/饭店）

(5) 冬天上海气温比北京_____，可是房间里没有暖气，没有北京_____。　　　　　　　　　　　　　　　　　　（暖和/高）

(6) 世界人口每天都在_____。　　　　　　　　　　（很多/增加）

(7) 他们_____可是一个八口人的大_____。　　　（家庭/家）

(8) 夏天我们那儿没有北京_____热。　　　　　　　（那么/这么）

五 课外练习

1 描、写汉字

变	8画 丶亠亣亣变变	变 变 变				biàn change
暑	12画 日旦早旱昱暑	暑 暑 暑				shǔ heat
城	9画 土城	城 城 城				chéngshì city
市	5画 丶亠市	市 市 市				
增	15画 土圹圹圹圹圹圹圹增增增	增 增 增				zēng increase
建	8画 ⁊⁊⁊⁊聿建	建 建 建				jiànzhù construct
筑	12画 竹竹筑筑	筑 筑 筑				
漂	14画 氵沪漂漂	漂 漂 漂				piàoliang beautiful
亮	9画 亠亡亮亮	亮 亮 亮				
冬	5画 ノ夂冬冬	冬 冬 冬				dōng winter
暖	13画 日旷旷暖	暖 暖 暖				nuǎn warm
温	12画 氵沪温	温 温 温				wēndù temperature
度	9画 广广庁庐庐度	度 度 度				
庭	9画 广庄庭	庭 庭 庭				tíng hall
迷	9画 米迷	迷 迷 迷				mí fan
光	6画 丨丨丨丷丷光	光 光 光				guāng only
许	6画 讠计计许许	许 许 许				xǔ maybe

古	5画 十 古	古	古	古		gǔ ancient
世	5画 一 十 廿 廿 世	世	世	世		shìjiè world
界	9画 田 罘 界	界	界	界		
歌	14画 一 ㄅ 可 可 哥 哥 歌	歌	歌	歌		gēqǔ song
曲	6画 丨 冂 冃 曲 曲	曲	曲	曲		
轻	9画 车 轻 轻	轻	轻	轻		qīng light
遥	13画 ⺈ ⺁ 乊 乊 旳 乺 乺 遥	遥	遥	遥		yáo distant

② 给下列汉字注音并组词

曲____（　　） 度____（　　） 庭____（　　）

由____（　　） 席____（　　） 挺____（　　）

古____（　　） 温____（　　） 迷____（　　）

占____（　　） 湿____（　　） 谜____（　　）

③ 阅读歌词

爱的奉献

这是心的呼唤，
这是爱的奉献，
这是人间的春风，
这是生命的源泉。
再没有心的沙漠，
再没有爱的荒原，
死神也望而却步，

幸福之花处处开遍。

啊，只要人人都献出一点爱，

世界将变成美好的人间。

(选自歌曲《爱的奉献》)

4 预习（查词典，给下列词语注音，并了解它们的意思）

春　　夏　　秋　　冷　　热　　夜　　刮风　　下雪

下雨　季节　时差　国家　一样　周末　产生　画册

研究　改革　开放　一切　只是　听写　不但　而且

Lesson 2

| 第 二 课 | Dì-èr Kè |

一 生字

夜	yè	night
季	jì	season
春	chūn	spring
夏	xià	summer
秋	qiū	autumn
热	rè	hot
冷	lěng	cold
刮	guā	to blow
雪	xuě	snow
雨	yǔ	rain
而	ér	and
且	qiě	and
末	mò	end
历	lì	
史	shǐ	history
产	chǎn	to produce
册	cè	volume
研	yán	to study

究	jiū	to study carefully
改	gǎi	to change
革	gé	to change
放	fàng	to put
切	qiè	

二 字—词

季—节	季节	jìjié	season
春—天	春天	chūntiān	spring
夏—天	夏天	xiàtiān	summer
秋—天	秋天	qiūtiān	autumn
刮—风	刮风	guā fēng	to blow
下—雪	下雪	xià xuě	to snow
下—雨	下雨	xià yǔ	to rain
而—且	而且	érqiě	and
周—末	周末	zhōumò	weekend
历—史	历史	lìshǐ	history
产—生	产生	chǎnshēng	to produce
画—册	画册	huàcè	album of paintings
研—究	研究	yánjiū	to research, study
改—革	改革	gǎigé	to reform
开—放	开放	kāifàng	to be open (to the public)
一—切	一切	yíqiè	everything, all

三 课文

北京的四季

北京是中国的首都。她是中国北方的一个大城市。

北京四季分明。3月到5月是春季,6月到8月是夏季,9月、10月是秋季,11月到第二年的3月初是冬季。

北京的春天常常刮风,气候干燥,很少下雨。四、五月份是花儿的季节,到处都可以看到鲜花,红的、黄的、白的、粉的,非常好看。北京的春天是美丽的。

北京的夏天比较热,7月下旬到8月上旬最热,日平均气温一般在二十五六度,8月平均最高温度将近30度。

北京的秋天天气很好,不冷也不热,很少刮风,也很少下雨。这时候常常能看到蓝蓝的天上飘着白白的云,空气也很清新。秋天是北京最好的季节。

北京的冬天很冷,气候很干燥,常常刮西北风,有时候会下雪。下雪的时候,人们特别高兴,在雪地里照相、堆雪人、打雪仗。

首都 shǒudū (名) capital
北方 běifāng (名) the northern part of the country
分明 fēnmíng (形) clearly distinguished
初 chū (名) beginning

干燥 gānzào (形) dry

到处 dàochù (副) everywhere
粉 fěn (形) pink
美丽 měilì (形) beautiful
旬 xún (名) period of ten days
平均 píngjūn (动) average
将近 jiāngjìn (副) close to, almost

飘 piāo (动) to float
云 yún (名) cloud
清新 qīngxīng (形) fresh and clean

堆雪人 duī xuěrén to make a snowman
打雪仗 dǎ xuězhàng to have a snowball fight

北京的四季各有特点。生活在北京，能感受到冷、暖、热、凉四种气候。你最喜欢她的哪个季节呢？

● 根据短文判断正误

（1）在北京，春、夏、秋、冬四个季节各有三个月长。（   ）
（2）北京的春天风很多，雨很少。（   ）
（3）在北京，春天能看到很多花儿。（   ）
（4）在北京，每年 8 月末最热。（   ）
（5）北京最好的季节是秋天。（   ）
（6）冬天北京很冷，常常刮风，还常常下雪。（   ）

四　练习

① 快速找出与左边相同的词

季节：季度　春节　音节　季节
历史：历代　历史　历来　历年
生产：产生　生产　生成　出产
一切：一起　一块　一边　一切
改革：改革　改变　改进　改写
开放：开动　开路　开始　开放

2 用下列汉字组词

研 而 季 春 画 改 夏 秋 周 历 开 产 气

末 革 册 节 始 冬 且 放 究 生 史 天 庭

_____

_____

3 选词填空

(1) 北京的_____常常刮风。　　　　　　　　　（春天 / 春）

(2) 房间里太热了，你_____窗户，好吗？　　　（开放 / 打开）

(3) 这是一本介绍中国改革开放的_____。　　　（画册 / 画）

(4) 他对中国古典文学_____了兴趣。　　　　　（感 / 产生）

(5) 这里的_____都在变。　　　　　　　　　　（一些 / 一切）

(6) 他不但汉语说得好，_____汉字也写得好。　（和 / 而且）

(7) 他正在_____北京的胡同，准备写一篇文章。

　　　　　　　　　　　　　　　　　　　　　　　（学习 / 研究）

(8) 我最近工作很忙，常常_____一两点睡觉。　（夜里 / 晚上）

五 课外练习

1 描、写汉字

夜	8画 一亠广疒疒夜夜	夜 夜 夜			yè night
季	8画 禾 季	季 季 季			jì season

春	9画	三夫春	春	春	春			chūn spring
夏	10画	一百丆夏夏	夏	夏	夏			xià summer
秋	9画	禾秋	秋	秋	秋			qiū autumn
热	10画	扌执执热	热	热	热			rè hot
冷	7画	丶冫冫冷冷	冷	冷	冷			lěng cold
刮	8画	舌刮	刮	刮	刮			guā blow
雪	11画	雨雪	雪	雪	雪			xuě snow
雨	8画	一冂冂币雨雨	雨	雨	雨			yǔ rain
而	6画	一丆丆丙丙而	而	而	而			érqiě and
且	5画	丨冂日且	且	且	且			
末	5画	一二十才末	末	末	末			mò end
历	4画	厂历	历	历	历			lìshǐ history
史	5画	口中史	史	史	史			
产	6画	丶亠六产	产	产	产			chǎn produce
册	5画	丿刀冂朋册	册	册	册			cè volume
研	9画	石研	研	研	研			yánjiū study
究	7画	穴究	究	究	究			
改	7画	一乛已改	改	改	改			gǎigé reform
革	9画	一十廿廿苎苴革	革	革	革			

放	8画 方 放	放 放 放		fàng put
切	4画 一 七 切	切 切 切		qiè

② 给下列汉字注音并组词

夏____（   ）　　热____（   ）　　末____（   ）

复____（   ）　　熟____（   ）　　未____（   ）

冬____（   ）　　刮____（   ）　　雪____（   ）

条____（   ）　　剧____（   ）　　雷____（   ）

③ 阅读短文

二十四节气

二十四节气是古代中国人在农业生产实践中逐渐创立的。开始的时候一年只分为春、秋两季，后来又分为春、夏、秋、冬四季，以后又不断补充、完善。到了公元前200年左右，就有了像现在这样的二十四个节气了。

二十四个节气在公历中的日期变化不大：一般上半年在每个月的6号、21号，下半年在每个月的8号、23号，有时候日期会差一两天。

二十四个节气的名称很有意思，从节气的名称上人们可以知道是什么季节，大概会是什么样的天气。比如：立春、立夏、立秋、立冬，"立"是即将开始的意思，所以这四个节气分别表示春天、夏天、秋天和冬天就要开始了。再比如：夏至、冬至，"至"是到来的意思，这两个节气分别表示夏天、冬天已经到来。又如：春分、秋分，"分"有平分的意思，在这两天，白天、黑夜正好一样长。"暑"的意思是热，所以"小暑""大暑"告诉人们一年中最热的时候到了。"寒"的意思是冷,"小寒""大寒"告诉人们一年中最冷的时候来了。此外,当"雨水""霜降""小雪""大雪"等节气到来时,人们也就知道该出现什么样的天气了。

怎么样,想知道二十四节气都是什么吗?告诉你吧,它们是:

立春　雨水　惊蛰　春分　清明　谷雨
立夏　小满　芒种　夏至　小暑　大暑
立秋　处暑　白露　秋分　寒露　霜降
立冬　小雪　大雪　冬至　小寒　大寒

◎ 回答问题

(1) 什么是二十四节气?
(2) "处(chǔ)"古代有终止的意思,那么"处暑"可能表示什么意思?
(3) 猜一猜"小雪""大雪"两个节气大概在几月。

4 预习（查词典,给下列词语注音,并了解它们的意思）

区　　靠　　捡　　停　　落(叶)　　坏　　该　　滑冰

滑雪　家乡　风景　旅游　避暑　经营　人家　尤其

着急　电池　父亲　母亲　凉快　迟到　发财　好事

坏事　结婚　离婚　未婚夫　未婚妻　将来　树叶　红叶

Lesson 3

| 第 三 课 | Dì-sān Kè |

一 生字

滑	huá	to slide
冰	bīng	ice
乡	xiāng	native place
风	fēng	wind
区	qū	area
尤	yóu	especially
凉	liáng	cool
避	bì	to avoid
靠	kào	to rely on
营	yíng	to run
财	cái	wealth
树	shù	tree
落	luò	to fall
捡	jiǎn	to pick up
着	zháo	
急	jí	worry
停	tíng	to stop
该	gāi	should, ought to

池	chí	pool
迟	chí	late
坏	huài	bad
未	wèi	not
婚	hūn	marriage
妻	qī	wife
将	jiāng	to be going to, will

二 字—词

滑—冰	滑冰	huá bīng	to skate
滑—雪	滑雪	huá xuě	to ski
家—乡	家乡	jiāxiāng	homeland
风—景	风景	fēngjǐng	scenery
尤—其	尤其	yóuqí	especially
凉—快	凉快	liángkuai	cool
避—暑	避暑	bì shǔ	to spend a holiday at a summer resort
经—营	经营	jīngyíng	to run, manage
发—财	发财	fācái	to get rich
树—叶	树叶	shùyè	leaf
着—急	着急	zháojí	to feel anxious
电—池	电池	diànchí	battery
迟—到	迟到	chídào	to be late
坏—事	坏事	huàishì	bad thing
好—事	好事	hǎoshì	happy event

结—婚	结婚	jié hūn	to get married
离—婚	离婚	lí hūn	to divorce
未—婚	未婚	wèihūn	unmarried
未婚—妻	未婚妻	wèihūnqī	fiancée
未婚—夫	未婚夫	wèihūnfū	fiancé
将—来	将来	jiānglái	future

三 课文

我爱好体育运动

我爱好体育运动，游泳、爬山、滑冰、滑雪，这些运动我都喜欢。

我的家乡是一个海滨城市。小时候，每年夏天我都要去海边游泳。我喜欢在海里游泳。在海里游泳跟在游泳池里不一样。海水浮力大，浪也比游泳池里大。在海边游泳时还能捡到一些漂亮的贝壳。

海滨 hǎibīn（名）seaside
浮力 fúlì（名）buoyancy
浪 làng（名）wave
游泳池 yóuyǒngchí（名）swimming pool
贝壳 bèiké（名）shell

后来，我离开了家乡，到另一个城市去上大学。离我们学校不远的地方有一座山，我常常跟同学们一起去爬山。冬天，我们去山上滑雪；夏天，我们去山上避暑。

来到中国以后，我迷上了中国武术。我学会了太极拳、太极剑。每天早上我都要打太极拳，练太极剑。我

武术 wǔshù（名）wushu
太极剑 tàijíjiàn（名）Taiji-sword

觉得中国武术是很好的体育运动，它能健身，还可以防病治病，所以很多中国人，特别是中老年人每天早上都出来打太极拳，练太极剑。

　　我喜欢体育运动，它使我的学习、生活更加丰富多彩。我愿意参加体育运动，它使我可以有更好的身体、更好的精力去学习和工作。

更加 gèngjiā（副）
even more

丰富多彩 fēngfù duōcǎi
rich and varied

精力 jīnglì（名）
vigor, energy

○ 根据短文判断正误

（1）"我"小时候常去海边游泳。　　　　　　　　　　　（　　）
（2）"我"喜欢在海里游泳，在海里游泳就像在游泳池里一样。（　　）
（3）上大学时"我"常常去爬山。　　　　　　　　　　　（　　）
（4）"我"特别喜欢中国武术。　　　　　　　　　　　　（　　）
（5）练武术能锻炼身体，也能治病。　　　　　　　　　（　　）
（6）"我"喜欢体育运动，也愿意参加体育运动。　　　　（　　）

四　练习

① 快速找出与左边相同的词

着急：着凉　紧急　着急　急事
电池：水池　电池　电流　田地
迟到：达到　送到　到处　迟到
将来：将要　将军　将来　往来
人家：大家　家人　大学　人家

② 用下列汉字组词

将 尤 着 迟 母 避 滑 结 凉 电 父 离 愉

暑 冰 亲 到 急 其 来 池 视 婚 雪 快 影

_____

_____

③ 选词填空

(1) 我父亲是_____授,他在大学_____历史。(教 jiāo / 教 jiào)

(2) 我朋友下个月_____结婚了。　　　　　　(就要 / 快要)

(3) 我喜欢文学,_____想当作家。　　　　　　(将来 / 打算)

(4) 别_____,再等一会儿,我想他该回来了。　(停 / 着急)

(5) 时间不早了,_____休息了。　　　　　　　(快要 / 该)

(6) 北京的夏天很热,_____是7月下旬到8月上旬_____热。　　　　　　　　　　　　　　　　　(特别 / 尤其)

(7) 他从书包里_____出一本《英汉大词典》。　(拿 / 捡)

(8) 我有个习惯,晚饭后_____散散步。　　　　(将 / 愿意)

五 课外练习

① 描、写汉字

滑	12画 氵汒汩汩汨滑	滑 滑 滑		huá bīng skate
冰	6画 冫 冰	冰 冰 冰		
乡	3画 乀 乡 乡	乡 乡 乡		xiāng countryside

风	4画	丿几凡风	风	风	风			fēng wind
区	4画	一フ又区	区	区	区			qū area
尤	4画	一ナ九尤	尤	尤	尤			yóu especially
凉	10画	冫凉	凉	凉	凉			liáng cool
避	16画	尸辟辟辟辟避	避	避	避			bì avoid
靠	15画	丬告靠	靠	靠	靠			kào rely on
营	11画	艹芦营营	营	营	营			yíng run
财	7画	贝财	财	财	财			cái wealth
树	9画	木树	树	树	树			shù tree
落	12画	艹艹落	落	落	落			luò fall
捡	10画	扌捡	捡	捡	捡			jiǎn pick up
着	11画	丶丷兰羊着	着	着	着			zháo jí feel anxious
急	9画	勹刍急	急	急	急			
停	11画	亻广停停停	停	停	停			tíng stop
该	8画	讠该	该	该	该			gāi ought to
池	6画	氵池	池	池	池			chí pool
迟	7画	乛ㄋ尸尺迟	迟	迟	迟			chí be late
坏	7画	土坏	坏	坏	坏			huài bad
未	5画	一二牛才未	未	未	未			wèi not
婚	11画	女女' 妒妒妪婚	婚	婚	婚			hūn marriage

妻	8画 一 フ ヨ ヨ 肀 妻	妻 妻 妻					qī wife
将	9画 丶 丬 扩 将	将 将 将					jiāng be going to

2 给下列汉字注音并组词

冰_____（   ）　　着_____（   ）　　池_____（   ）
泳_____（   ）　　看_____（   ）　　地_____（   ）

未_____（   ）　　该_____（   ）　　捡_____（   ）
末_____（   ）　　孩_____（   ）　　检_____（   ）

营_____（   ）
管_____（   ）

3 阅读短文

学 滑 冰

来中国以前，安妮不会滑冰，因为她的国家在热带，没有冰。来中国以后，她见到了雪，也看见了冰。一次，她看到几个朋友滑冰滑得很好，很羡慕，也很想学。

一个周末，安妮约了好朋友琳达和朱蒂一起去冰场。琳达、朱蒂滑冰滑得都不错，她们答应教珍妮滑冰。到了冰场，三个人换上冰鞋，来到冰面上。安妮第一次穿冰鞋，站不稳。琳达和朱蒂就左边一个、右边一个扶她。练了一会儿，能站稳了，她们又教她滑行。刚开始的时候，安妮特别紧张。琳达和朱蒂让她别急，慢慢儿来。她们两个一边鼓励安妮，一边帮她纠正动作。过了一会儿，安妮能慢慢儿地滑一小段了，她高兴极了。琳达和朱蒂也很高兴。

后来，她们又去了几次冰场。安妮进步很快，她已经能滑很远了。

又是一个周末，她们又来到了冰场。在这儿，安妮碰见了尼娜，她跟安妮来自同一个国家。原来，尼娜也要学滑冰。安妮告诉尼娜，别着急，慢慢儿来，如果她愿意，自己可以教她。尼娜很高兴，安妮也很高兴，因为她现在不但会滑冰了，而且还能当"老师"教别人了。

◉ 根据短文判断正误

(1) 安妮到中国以后才学习滑冰。　　　　　　　　　　（　　）
(2) 安妮的朋友教她滑冰。　　　　　　　　　　　　　（　　）
(3) 开始学滑冰的时候，安妮很紧张。　　　　　　　　（　　）
(4) 安妮自己常常去冰场练习，所以进步很快。　　　　（　　）
(5) 一天，安妮在冰场见到了尼娜，她也常常来这儿滑冰。（　　）
(6) 安妮很高兴教尼娜滑冰。　　　　　　　　　　　　（　　）

④ 预习（查词典，给下列词语注音，并了解它们的意思）

送	捎	趟	慢	声	向	展览

展览馆	教学	研讨	研讨会	经过	问好	门口

辛苦	麻烦	爱人	办事	马上	开车	照相

照相机	座位	注意	出土	文物	大约	要求

清楚	师傅	大使	大使馆

Lesson 4

| 第四课 | Dì-sì Kè |

一 生字

送	sòng	to see sb. off
讨	tǎo	to discuss
向	xiàng	towards, to
捎	shāo	to take sth. to or for sb.
取	qǔ	to get, fetch
辛	xīn	hard
苦	kǔ	hardship, pain, bitter
麻	má	
烦	fán	trouble
趟	tàng	*a measure word for a round trip*
展	zhǎn	to exhibit
览	lǎn	to exhibit, show
相	xiàng	appearance
注	zhù	to concentrate
土	tǔ	soil, land
约	yuē	approximately
求	qiú	to request
声	shēng	sound, voice

清	qīng	clear
楚	chǔ	clear
傅	fù	instructor, teacher
使	shǐ	envoy, emissary

二 字—词(词组)

研—讨	研讨	yántǎo	to study and discuss
研讨—会	研讨会	yántǎohuì	seminar, symposium
辛—苦	辛苦	xīnkǔ	hard, hard-working
麻—烦	麻烦	máfan	to trouble, bother
展—览	展览	zhǎnlǎn	exhibition
展览—馆	展览馆	zhǎnlǎnguǎn	exhibition hall
照—相	照相	zhàoxiàng	to take a photo
照相—机	照相机	zhàoxiàngjī	camera
注—意	注意	zhùyì	to pay attention to
出—土	出土	chūtǔ	(of antiques) to be unearthed
大—约	大约	dàyuē	approximately
要—求	要求	yāoqiú	to request, ask for
清—楚	清楚	qīngchu	clear
师—傅	师傅	shīfu	a polite form of address to people
大—使	大使	dàshǐ	ambassador
大使—馆	大使馆	dàshǐguǎn	embassy

三 课文

汉字比赛

上星期我们系举行了一次留学生汉字比赛，得奖的作品还作了展览。我也参加了这次比赛，得了二等奖，我的作品也展览了。

我们学汉语的时间不太长，只有三个多月，可是我们的进步真不小。记得刚开始学汉语的时候，我们大部分人都不认识汉字，看汉字就像看画儿；也不知道汉字怎么写，有时候少一笔，有时候又多一笔。可是现在我们已经学会几百个汉字了。你看，这些得奖作品中汉字写得多好看。

这次汉字比赛要求比较高，要在规定的时间内写完，而且要整齐、清楚，不能有错字。我平时写汉字非常认真。如果哪个字写错了，我就不怕麻烦，写十遍。这样做辛苦一些，可是错字改对了，记住了，以后就不会忘了。

我得到的奖品是一支毛笔和一本字帖。我想今后我要更加努力，汉字要写得更好，更漂亮。我还想参加书法班，学习书法。我很喜欢书法。下一次汉字比赛我要得一等奖。

等 děng（量）grade

记得 jìde（动）to remember
大部分 dà bùfen most
笔 bǐ（名）stroke

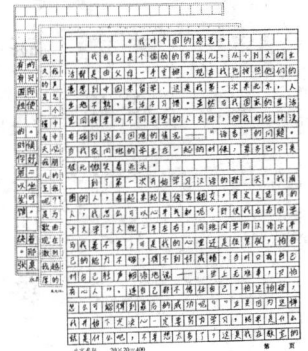

规定 guīdìng（动）
　to stipulate
错字 cuòzì（名）
　wrong character
平时 píngshí（名）usually
怕 pà（动）afraid
改 gǎi（动）to correct
奖品 jiǎngpǐn（名）
　award, prize
毛笔 máobǐ（名）
　writing brush
字帖 zìtiè（名）copybook
　(for calligraphy)

● 根据短文判断正误

(1) "我"参加了一次留学生汉字比赛。　　　　　　(　)
(2) "我"的作品参加了展览。　　　　　　　　　　(　)
(3) 我们学汉语的时间不长，进步也不大。　　　　(　)
(4) 刚开始学习汉语时大部分汉字我们都不认识。　(　)
(5) 这次汉字比赛要求不能写错字。　　　　　　　(　)
(6) "我"喜欢书法，"我"想参加书法班。　　　　　(　)

四 练习

① 快速找出与左边相同的词

研讨：研究　研讨　研读　探讨
辛苦：辛劳　亲友　辛苦　劳苦
注意：注音　主意　任意　注意
清楚：清茶　清算　清淡　清楚
要求：需求　要求　球票　寻求

② 用下列汉字组词

讨 展 麻 注 清 马 文 照 要 师 办 辛 阅 经 教

事 传 求 老 楚 过 意 烦 物 相 室 上 研 览 苦

3 选词填空

(1) 我父母让我_____您_____好。 （问 / 向）
(2) 昨天下午我去了你宿舍三_____，你都不在。 （遍 / 趟）
(3) 两点开车，请大家_____住，别_____了。 （忘 / 记）
(4) 放心吧，照片我_____来以后马上就给你_____去。

（送 / 取）

(5) _____你帮我买张邮票，行吗？ （麻烦 / 谢谢）
(6) 你什么时候去邮局告诉我一_____。 （次 / 声）
(7) 请大家听_____他说的每一句话，特别_____时间和地点。

（注意 / 清楚）

(8) 我想_____一下大家还有什么_____。 （问 / 要求）

五 课外练习

1 描、写汉字

送	9画	关 送	送	送	送				sòng see sb. off
讨	5画	讠 讨	讨	讨	讨				tǎo discuss
向	6画	ノ 亻 门 向	向	向	向				xiàng towards
捎	10画	扌 捎	捎	捎	捎				shāo take sth. to or for sb.
取	8画	耳 取	取	取	取				qǔ fetch
辛	7画	立 辛	辛	辛	辛				xīnkǔ hardship
苦	8画	艹 苦	苦	苦	苦				

麻	11画	广 庐 麻	麻	麻	麻				máfan trouble
烦	10画	火 烦	烦	烦	烦				
趟	15画	走 赴 赴 赴 赴 赵 趟	趟	趟	趟				tàng *a measure word for a round trip*
展	10画	尸 尸 尸 屈 屈 展 展	展	展	展				zhǎnlǎn exhibit
览	9画	览	览	览	览				
相	9画	木 相	相	相	相				xiàng appearance
注	8画	氵 注	注	注	注				zhù concentrate
土	3画	一 十 土	土	土	土				tǔ soil
约	6画	纟 约 约	约	约	约				yuē approximately
求	7画	一 十 十 寸 才 求 求	求	求	求				qiú request
声	7画	士 吉 吉 吉 声	声	声	声				shēng sound
清	11画	氵 清	清	清	清				qīngchu clear
楚	13画	木 林 楚	楚	楚	楚				
傅	12画	亻 亻 伫 佁 伫 傅 傅	傅	傅	傅				fù instructor
使	8画	亻 亻 伫 伫 使 使	使	使	使				shǐ envoy

2 给下列汉字注音并组词

取____（　　　）　　向____（　　　）　　麻____（　　　）

职____（　　　）　　问____（　　　）　　床____（　　　）

苦____（　　　）　　清____（　　　）　　土____（　　　）

若____（　　　）　　请____（　　　）　　士____（　　　）

使＿＿（　　　）

便＿＿（　　　）

3 阅读短文

师　傅

"师傅"翻译成英语是master，可是这两个词的意思却不完全一样。我听到很多人称呼别人"师傅"，我觉得那些人不应该是师傅。比如，有一次，我去看一个展览。那天看展览的人很多，我一边走一边看。忽然听到后面有人喊了一声："师傅，让一下！"我不知道他在叫我，继续向前走。这时，后边的喊声更大了："师傅，让一下，让一下！"我回头一看，后边一辆装满了东西的小车过来了，我挡住了它的路。我赶快说："对不起，我不知道你们在说我。""没事儿。"说完他们就过去了。我觉得奇怪，他们不知道我是谁，为什么叫我"师傅"呢？还有一次，我坐出租汽车。司机问我："去哪儿，师傅？"我说"北京大学。"司机看了看我，说："你是留学生吧？"我说"对。"然后，我们就聊了起来。我问他刚才为什么叫我"师傅"。他说他没看出来我是留学生。我又问他，中国人为什么常常称呼陌生人"师傅"，他说，"师傅"在汉语中是一个敬称，也就是尊敬他人的称呼。我明白了，我说："谢谢你，师傅。你教会了我'师傅'这个词。现在我知道'师傅'，也会用'师傅'了。"

◎ 回答问题

（1）"师傅"和 master 一样吗？

（2）"我"是怎样学会"师傅"这个词的？

④ 预习（查词典，给下列词语注音，并了解它们的意思）

苦	甜	摸	脉	治	细	第
糖	嘛	经历	住院	中医	中成药	药方
按摩	针灸	方法	打针	扎针	曾经	烤鸭
中餐	白薯	糖葫芦	亲耳	钢琴	演奏	小提琴
协奏曲	好听					

Lesson 5

| 第 五 课 | Dì-wǔ Kè |

一 生字

甜	tián	sweet
摸	mō	to touch
脉	mài	arteries and veins
按	àn	to press, push down
摩	mó	to touch, rub
灸	jiǔ	moxa treatment
治	zhì	to treat, cure
扎	zhā	to prick
细	xì	thin, slender
曾	céng	once
烤	kǎo	to toast, bake
鸭	yā	duck
第	dì	*prefix for ordinal numbers*
餐	cān	meal
薯	shǔ	potato
糖	táng	sugar

耳	ěr	ear
钢	gāng	steel
琴	qín	*a general name for certain musical instruments*
奏	zòu	to play (a musical instrument)
协	xié	to joint, do sth. jointly

二 字—词(词组)

按—摩	按摩	ànmó	to massage
针—灸	针灸	zhēnjiǔ	acupuncture and moxibustion
扎—针	扎针	zhā zhēn	give an acupuncture treatment
曾—经	曾经	céngjīng	once
烤—鸭	烤鸭	kǎoyā	roast duck
中—餐	中餐	zhōngcān	Chinese-style food
西—餐	西餐	xīcān	Western-style food
白—薯	白薯	báishǔ	sweet potato
亲—耳	亲耳	qīn'ěr	(to hear sth.) with one's own ears
钢—琴	钢琴	gāngqín	piano
演—奏	演奏	yǎnzòu	to play a musical instrument in a performance
提—琴	提琴	tíqín	the violin family
小—提琴	小提琴	xiǎotíqín	violin
协奏—曲	协奏曲	xiézòuqǔ	concerto

三 课文

针 灸

针灸是中国医学的宝贵遗产。针灸治病在中国已经有几千年的历史了。它方法简便，效果很好，可以治疗很多种病，不少人都喜欢用针灸治病。

人们常说的针灸疗法包括针刺和灸灼两种方法。针刺疗法是用一根很细的银针，扎在人体的某些穴位上，通过针刺产生的刺激来治病。针刺疗法可以用来止疼，而且效果不错。它对一般的头疼、牙疼等都有很好的止疼效果。针刺麻醉是一种独特的麻醉技术，现在已经用在多种外科手术中。

中国的针灸疗法很早就传到了外国。近些年来，不少外国医生对针灸很感兴趣，他们来中国学习针灸，回国后，用针灸给病人治病。现在中国针灸已经流传到一百多个国家，成为世界医学的一部分。针灸这一古老的中医疗法为世界医学的发展作出了很大贡献。

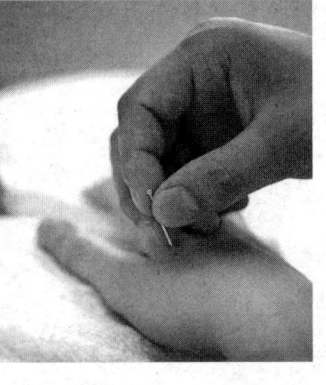

宝贵 bǎoguì（形）valuable
遗产 yíchǎn（名）legacy, heritage
简便 jiǎnbiàn（形）simple and convenient
疗法 liáofǎ（名）treatment
包括 bāokuò（动）to include
针刺 zhēncì（动）acupuncture
灸灼 jiǔzhuó（动）moxibustion
穴位 xuéwèi（名）acupuncture point
通过 tōngguò（介）by means of
刺激 cìjī（动）to stimulate
止 zhǐ（动）to stop
麻醉 mázuì（动）anesthesia
技术 jìshù（名）technology
外科 wàikē（名）surgical department
手术 shǒushù（名）operation

贡献 gòngxiàn（动）to contribute

● 根据短文判断正误

（1）针灸疗法在中国有一千年的历史。　　　　　　（　）
（2）针灸疗法简单、方便。　　　　　　　　　　　（　）
（3）针灸疗法就是用一根针扎一下。　　　　　　　（　）
（4）针刺可以治疗头疼。　　　　　　　　　　　　（　）
（5）现在有的手术中使用针刺来麻醉。　　　　　　（　）
（6）一些外国医生也学会了针灸，而且能用针灸治病。（　）

四 练习

1 快速找出与左边相同的词

钢琴：风琴　钢琴　钢笔　提琴
亲耳：亲手　亲自　亲耳　亲身
药方：药房　药方　药片　药水
演奏：演出　演员　演唱　演奏
打针：扎针　打针　打铁　针扎
方法：方法　办法　文法　手法
烤鸭：烤鸡　烤鹅　烧鸭　烤鸭

2 用下列汉字组词

协　演　钢　小　药　提　针　历　曾　按　烤　过　亲　中

扎　餐　经　西　打　鸭　笔　耳　摩　奏　琴　方　灸　曲

3 选词填空

(1) 到北京以后我_____过两次感冒了。　　　　　　　(有 / 得)

(2) 针灸用"针"治病,不过是_____,不是_____。

(打针 / 扎针)

(3) 我_____一次来中国是在2006年。　　　　　　　(第 / 弟)

(4) 昨天我去_____病,大夫给我开了一种药,他说这种药_____我的病很好。　　　　　　　　　　　　　　　(治 / 看)

(5) 这本书我看过一_____,不过没看完。　　　　　(遍 / 次)

(6) 我有一个朋友有病_____了。　　　　　　　　(住院 / 进院)

(7) 每个人都有自己的工作_____。　　　　　　　(方法 / 办法)

(8) 我们得想个_____让他好好儿休息几天。　　　(方法 / 办法)

五 课外练习

1 描、写汉字

甜	11画 舌 舌 一 甜 甜 甜 甜	甜	甜	甜					tián sweet
摸	13画 扌 扩 描 摸	摸	摸	摸					mō touch
脉	9画 月 脉	脉	脉	脉					mài arteries and veins
按	9画 扌 按	按	按	按					ànmó massage
摩	15画 广 麻 摩	摩	摩	摩					
灸	7画 ノ ク 久 灸	灸	灸	灸					jiǔ moxibustion treatment
治	8画 氵 治	治	治	治					zhì treat
扎	4画 扌 扎	扎	扎	扎					zhā prick

细	8画 纟细	细	细	细					xì thin
曾	12画 丷丷丷丷丷曾曾	曾	曾	曾					céng once
烤	10画 火 烤	烤	烤	烤					kǎoyā roast duck
鸭	10画 丨口日日甲鸭	鸭	鸭	鸭					
第	11画 ⺮ 笁笁笃第第	第	第	第					dì
餐	16画 丨夕夕夕夕夕夕 夕夕夕餐餐	餐	餐	餐					cān meal
薯	16画 艹 茜 薯	薯	薯	薯					shǔ
糖	16画 米 糒 糒 糒 糒 糖 糖	糖	糖	糖					táng sugar
耳	6画 一 丆 丌 耳 耳	耳	耳	耳					ěr ear
钢	9画 钅钢	钢	钢	钢					gāngqín piano
琴	12画 王 玨 琴	琴	琴	琴					
奏	9画 夫 表 奏	奏	奏	奏					zòu play
协	6画 一 十 协	协	协	协					xié joint

2 给下列汉字注音并组词

协____（   ）　　鸭____（   ）　　按____（   ）

切____（   ）　　鸡____（   ）　　接____（   ）

扎____（   ）　　第____（   ）　　提____（   ）

礼____（   ）　　弟____（   ）　　题____（   ）

3 阅读短文

《梁祝》

《梁祝》是小提琴协奏曲《梁山伯与祝英台》的简称。这是一部根据中国古代民间故事写成的乐曲，乐曲十分优美动听，它描绘了青年男女梁山伯和祝英台动人的爱情故事。

梁山伯和祝英台是同学。中国古时候，女孩子是不能去学校读书的，所以英台只好女扮男装去上学。她与山伯一起学习了三年，两个人感情特别好，英台很喜欢山伯。可是山伯并不知道英台是女的。回家之前，英台告诉山伯，她有一个妹妹，可以嫁给他。分别时两人依依不舍。回到家，英台的父母要她嫁给别人，英台不同意，可是又没有办法。过了一段时间，山伯去英台家求婚，他听说英台要嫁给别人了，这才知道英台原来是个女的。山伯家里很穷，英台的父母不同意英台嫁给山伯。山伯非常思念英台，不久就病死了。英台在出嫁的路上，路过山伯的坟墓。她来到墓前，伤心地大哭。这时，刮起了大风，响起了雷声，下起了大雨。突然一声响，坟墓开了，英台跳了进去，坟墓马上合上了。风停了，雨也不下了，花开了，一对蝴蝶从坟墓中飞了出来。从此以后，人们常常能看到一对对蝴蝶在这儿飞来飞去。人们都说，这些蝴蝶就是梁山伯和祝英台变的。

梁山伯和祝英台的爱情故事很美，《梁祝》这首小提琴协奏曲也很动听。

◎ 回答问题

1. 《梁祝》是一首什么乐曲？
2. 说一说《梁祝》这个动人的爱情故事。

④ 预习（查词典，给下列词语注音，并了解它们的意思）

导游　　研究生　　打工　　利用　　假期　　旅行社　　组织

老板　　需要　　经常　　收集　　安排　　帮助　　铁路

风光　　商量　　故乡　　自由　　活动　　互相　　老外

鼻子　　头发　　眼睛　　声调

Lesson 6

第 六 课 | Dì-liù Kè

一 生字

导	dǎo	to guide
社	shè	organized body
组	zǔ	to organize
织	zhī	
板	bǎn	
需	xū	to need
收	shōu	to collect
排	pái	to arrange in order
助	zhù	to help
量	liáng	to measure
由	yóu	
互	hù	each other
呀	ya	
鼻	bí	nose
眼	yǎn	eye
睛	jīng	eyeball
调	diào	tone
孔	kǒng	a surname

二 字—词（词组）

导—游	导游	dǎoyóu	tourist guide
旅行—社	旅行社	lǚxíngshè	travel agency
组—织	组织	zǔzhī	to organize
老—板	老板	lǎobǎn	boss
收—集	收集	shōují	to collect
安—排	安排	ānpái	to arrange
帮—助	帮助	bāngzhù	to help
商—量	商量	shāngliang	to discuss
自—由	自由	zìyóu	freedom
互—相	互相	hùxiāng	each other
鼻—子	鼻子	bízi	nose
眼—睛	眼睛	yǎnjing	eye
声—调	声调	shēngdiào	tone

三 课文

我的课余生活

从星期一到星期五，我们每天上午都有四节课。星期二和星期四下午也有课。我们的学习比较紧张。

除了上课，我还参加了一些其他活动，比如书法班、太极拳班。我喜欢书法，每天我都要练习一个小时。

课余 kèyú（名）after school

紧张 jǐnzhāng（形）
　　intense, strenuous
除了 chúle（介）besides
比如 bǐrú（动）for example

我的书法作品参加了学校组织的留学生书法展。我也喜欢打太极拳，这是一种很好的健身运动。每星期一和星期四下午五点，我去学校的太极拳辅导班学习。我打得还不太好，还需要多多练习。

我还喜欢看书，特别是介绍中国历史和中国社会的书。下午没课的时候，我常常去学校的图书馆借书、看书。我也买了不少介绍中国历史和中国社会的书。到了周末，我还常常出去走走，我想更多地了解中国当今社会各方面的情况。

假期的时候，我常和朋友去中国各地旅行。我参观过不少名胜古迹，也到过一些有名的城市。旅行使我看到了很多美丽的山川，了解了各地的民俗文化，也使我亲身感受到了中国的发展变化。

我觉得我的课余生活很丰富。

山川 shānchuān（名）
　mountains and rivers
民俗 mínsú（名）
　folk custom
亲身 qīnshēn（副）
　personal, first-hand

● 根据短文判断正误

(1) 我们每星期上五天课。　　　　　　　　　（　　）
(2) 每星期有两个下午上课。　　　　　　　　（　　）
(3) "我"每天下午都要练习书法和太极拳。　（　　）
(4) "我"很喜欢看介绍中国历史和社会的书。（　　）
(5) 每天下课以后"我"都到外边走走。　　　（　　）
(6) 假期"我"常常去旅行。　　　　　　　　　（　　）

四　练习

1 快速找出与左边相同的词

利用：使用　利用　租用　借用
需要：需求　需要　重要　简要
铁路：铁道　道路　铁路　路线
自由：自主　自用　自费　自由
互相：相互　互助　互相　相片

2 用下列汉字组词

导　互　铁　组　利　需　自　帮　眼　头　经　老　收

助　由　发　板　要　用　织　路　相　集　游　睛　常

3 在下面的空格中填上一个汉字，使其上下、左右各成为一个词（词组）

[填字游戏：银__由/站；__互/片；__量/法]

4 选词填空

(1) 你最近太累了，_____好好儿休息。　　　　　（需要 / 要求）

(2) 这个周末学校_____我们去大同旅行。　　　　（组织 / 陪）

(3) 我的爱好是_____各国的钱币。　　　　　　　（集合 / 收集）

(4) 我姐姐下周来北京旅游，我想_____她看看北京的名胜古迹。　　　　　　　　　　　　　　　　　　　　　　（陪 / 跟）

(5) 下午没有课，是_____活动时间，你们_____组织一些活动吧。　　　　　　　　　　　　　　　　　　　　（自由 / 自己）

(6) 坐_____旅行可以好好儿看看_____两边的风光。　　（铁路 / 火车）

(7) 我们_____是同学，应该_____帮助。　　　　　（互相 / 两个）

(8) 我_____送玛丽一件有意思的生日礼物，咱们_____一下，好吗？　　　　　　　　　　　　　　　　　　　（商量 / 想）

五 课外练习

1 描、写汉字

导	6画	龴⺕导	导 导 导	dǎo guide
社	7画	礻社	社 社 社	shè organized body

组	8画 纟组	组	组	组				zǔzhī organize
织	8画 纟织	织	织	织				
板	8画 木板	板	板	板				bǎn
需	14画 雨雪雪雪需需	需	需	需				xū need
收	6画 乚丩收	收	收	收				shōu collect
排	11画 扌排	排	排	排				pái arrange in order
助	7画 且助	助	助	助				zhù help
量	12画 日旦量	量	量	量				liáng to measure
由	5画 丨冂曰由由	由	由	由				yóu
互	4画 一工互互	互	互	互				hù each other
呀	7画 口吖吁呀呀	呀	呀	呀				ya
鼻	14画 白臬臬鼻	鼻	鼻	鼻				bí nose
眼	11画 目眼	眼	眼	眼				yǎnjing eye
睛	13画 目睛	睛	睛	睛				
调	10画 讠调	调	调	调				diào tone
孔	4画 子孔	孔	孔	孔				kǒng a surname

② 给下列汉字注音并组词

导____（　　）　社____（　　）　需____（　　）

异____（　　）　杜____（　　）　雪____（　　）

铁＿＿（　　　）　　由＿＿（　　　）　　晴＿＿（　　　）

珠＿＿（　　　）　　田＿＿（　　　）　　睛＿＿（　　　）

❸ 阅读短文

老　板

　　在商店，在饭馆，你可能常常听到有人说"老板"这个词。在烟摊儿，在修车铺，也有人称呼主人"老板"。这样看，凡是直接与消费者打交道的人都是"老板"了。可是，在一些机关里，普通职员也称呼他们的头儿"老板"。有时候，人们见了面，不管对方是不是老板，也不管是真老板还是假老板，都称"老板"。这样看，"老板"一词又有了"尊敬"之意了。有这么多的"老板"，当然也就有"老板们"要用的东西，老板要坐"老板椅"，工作时要用"老板桌"，喝水要用"老板杯"，眼镜要戴"老板镜"，裤子要穿"老板裤"，鞋要穿"老板鞋"……也许，以后"老板们"还要坐"老板车"，住"老板屋"，睡"老板床"，打"老板电话"。这不奇怪，因为"老板"多了，给"老板们"用的东西也就要多呀！

● 回答问题

（1）什么人是"老板"？

（2）你认为什么样的人是"老板"？

❹ 预习（查词典，给下列词语注音，并了解它们的意思）

交　　像　　贴　　够　　棒　　半天　　护照
＿＿　＿＿　＿＿　＿＿　＿＿　＿＿＿　＿＿＿

签证　　手提包　　口袋　　丢三落四　　发现　　球迷　　程度
＿＿　　＿＿＿　　＿＿　　＿＿＿＿　　＿＿　　＿＿　　＿＿

为了 ____ 正常 ____ 承认 ____ 发狂 ____ 锦标赛 ____ 期间 ____ 生病 ____

白天 ____ 精神 ____ 通知 ____ 暂停 ____ 营业 ____ 亲眼 ____ 世界杯 ____

辞职 ____ 最后 ____ 佩服 ____

Lesson 7

| 第七课 | Dì-qī Kè |

一 生字

护	hù	to protect, guard
签	qiān	to sign, make brief comments on a document
证	zhèng	certificate
交	jiāo	to hand in, give
袋	dài	bag, pocket
丢	diū	to lose
程	chéng	
承	chéng	to undertake, carry
狂	kuáng	crazy
锦	jǐn	bright and beautiful
标	biāo	mark, sign
像	xiàng	to look as if, seem
精	jīng	perfect, excellent
神	shén	spirit
贴	tiē	to paste
暂	zàn	temporary, for the moment

够	gòu	enough
辞	cí	to resign
佩	pèi	to admire
棒	bàng	excellent, terrific

二 字—词(词组)

护—照	护照	hùzhào	passport
签—证	签证	qiānzhèng	visa
口—袋	口袋	kǒudai	pocket
丢—三—落—四	丢三落四	diū sān là sì	forgetful
程—度	程度	chéngdù	degree, extent
承—认	承认	chéngrèn	to admit, recognize
发—狂	发狂	fākuáng	to be crazy, go mad
锦—标	锦标	jǐnbiāo	prize
锦标—赛	锦标赛	jǐnbiāosài	championship contest
精—神	精神	jīngshen	vigorous, spirited
暂—停	暂停	zàntíng	to suspend, stop for the time being
暂—时	暂时	zànshí	temporary
辞—职	辞职	cí zhí	to resign
佩—服	佩服	pèifú	to admire

三 课文

听讲座

上周王华教授给我们做了一个讲座，是讲汉语学习的。王教授教了20多年汉语了。

王教授说，学习汉语，没有一些人说的那么难，也不像有人说的那么容易。不过，想学好汉语，一定要努力。对大部分留学生来说，汉字难写、难认、难记，需要用比较多的时间。很多留学生认为，那么多汉字怎么能记住呢？其实，常用汉字只有2500多个，一般人掌握这2500多个汉字就够了。汉语的词是由一个个汉字组成的。知道了每一个字的意思，那么由它们组成的词的意思也就很容易理解了。但是，这还不够。汉语的词汇很丰富，有些词不能只从字面上去理解，还需要了解中国的历史、文化和社会习俗等等。比如，"马""虎"这两个字大家都认识，但是在"你太马虎了"中，"马虎"的意思却不是"马"和"虎"，而是"不认真"。

王教授说，学习语言，特别是外语，会有不少困难。困难是暂时的，

讲座 jiǎngzuò（名）
　lecture

其实 qíshí（副）in fact
掌握 zhǎngwò（动）
　to master
由……组成
　yóu…zǔchéng
　to be composed of
理解 lǐjiě（动）
　to comprehend, understand
字面 zìmiàn（名）literal
习俗 xísú（名）custom

只要多听、多说、多看、多写，一定能学好。王教授还说，我们在中国学习汉语，语言环境很好，我们应该好好儿利用这个环境。

我觉得王教授讲得很好。我要好好儿利用这一年的学习时间，多学一些汉字，多掌握一些词汇，多说汉语，争取一年以后汉语水平能有比较大的提高。

● 根据短文判断正误

（1）上星期王教授做了一个汉语学习的讲座。　　　　（　）
（2）留学生都认为汉字难写、难认、难记。　　　　　（　）
（3）一般人掌握2500个汉字就够了。　　　　　　　　（　）
（4）如果知道了每一个汉字的意思，那么一定能知道由它们组成的词的意思。　　　　　　　　　　　　　　　（　）
（5）有时候一个词的意思不能只从字面意思去理解。　（　）
（6）在中国学汉语有一个很好的语言环境。　　　　　（　）

四 练习

1 快速找出与左边相同的词

发现：发明　实现　发现　展现
正常：正当　正常　平常　正字
期间：时间　其间　相间　期间
通知：通告　通知　通话　知道

亲眼：亲自　亲身　亲朋　亲眼
为了：为人　为了　为何　力士

② 用下列汉字组词

护　亲　精　程　签　耳　发　正　口　营　佩　辞　期

服　袋　业　常　现　间　职　语　证　神　度　眼　照

_____

_____

③ 在下面的空格中填上一个汉字，使其上下、左右各成为一个词（词组）

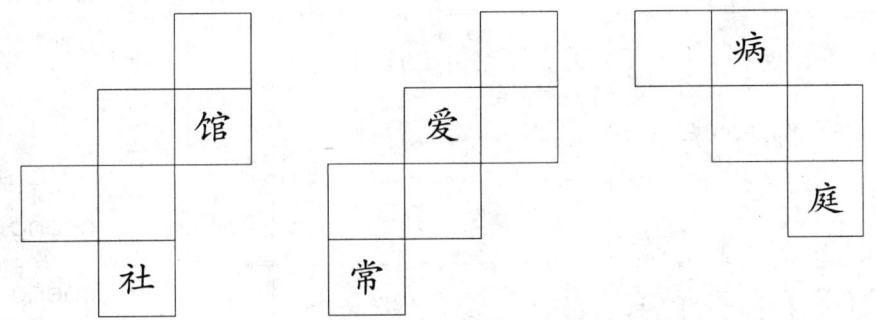

④ 选词填空

(1) 故宫很大，参观故宫两个小时的时间不_____。（够 / 多）

(2) 这家商店的_____时间是早9点到晚10点。（营业 / 上班）

(3) 他是个球迷，_____看球可以不吃饭，不睡觉。

（因为 / 为了）

(4) 我唱歌的_____太一般了，不能跟你们比。（水平 / 程度）

(5) 你_____这个人跟大家有什么不同了吗？（发现 / 看见）

(6) 我_____每天下午要打一个小时太极拳。（正常 / 一般）

· 53 ·

(7) 作业本我已经_____老师了。　　（交给/送给）

(8) 王丽让我_____你，她看见了学校的_____：下周检查身体。　　（告诉/通知）

五 课外练习

1 描、写汉字

护	7画 扌 扩 护 护	护	护	护			hù protect
签	13画 竹 签	签	签	签			qiānzhèng visa
证	7画 讠 证	证	证	证			
交	6画 丶 亠 六 交	交	交	交			jiāo hand in
袋	11画 代 袋	袋	袋	袋			dài bag
丢	6画 一 二 千 王 丢	丢	丢	丢			diū lose
程	12画 禾 和 程	程	程	程			chéng
承	8画 乛 了 了 手 手 豕 承	承	承	承			chéng carry
狂	7画 犭 狂	狂	狂	狂			kuáng crazy
锦	13画 钅 钌 锦	锦	锦	锦			jǐnbiāo prize
标	9画 木 杧 标	标	标	标			
像	13画 亻 仵 伫 侉 伊 偧 像 像 像	像	像	像			xiàng look as if
精	14画 米 精	精	精	精			jīngshen vigorous
神	9画 礻 衤 礻 袖 袖 神	神	神	神			

贴	9画 贝 贴	贴	贴	贴		tiē paste
暂	12画 车 斩 暂	暂	暂	暂		zàn temporary
够	11画 句 够	够	够	够		gòu enough
辞	13画 舌 辞	辞	辞	辞		cí resign
佩	8画 亻 亻' 亻几 佩 佩	佩	佩	佩		pèi admire
棒	12画 木 桂 棒	棒	棒	棒		bàng terrific

2 给下列汉字注音并组词

狂____（　　）　　丢____（　　）　　证____（　　）

逛____（　　）　　去____（　　）　　让____（　　）

签____（　　）　　锦____（　　）　　贴____（　　）

答____（　　）　　棉____（　　）　　站____（　　）

3 阅读短文

汉字的笔画

汉字的基本笔画有点、横、竖、撇、捺。从汉字最初的结构看，这些笔画大多数是一些形象有趣的表示意义的符号。

（1）点（丶）

"鸟"字中的一点表示鸟的眼睛；"立"字上的一点表示人的头；"冷""凉""冻"等字的两点表示冰；"羊"字上的两点表示羊角；"江""海"等字的三点表示水；"燕"字底下的四点表示鸟的尾巴；"热""煮"等字底下的四点表示火。

(2) 横（一）

"旦"字下的一横表示地面，太阳离开地面刚升起的时候就是"旦"；"雨"字上的一横表示天，水滴从天降下，这就是"雨"；"元"字最上面的一横表示人的头，人体头为首，第一、开始就是"元"；"册"字中的一横表示绳子，竹简写上字再用绳子穿起来就是"册"，这就是古代的书。

(3) 竖（丨）

"木"字中的一竖表示树干；"网"字两边的两竖表示网两端的木棒。

(4) 撇（丿）

"右"中的一撇表示右手臂；"须"字左边的三撇表示胡须；"彪"字右边的三撇表示老虎的花纹。

(5) 捺（㇏）

"又"字的一捺表示手臂；"人"字的一捺表示人的躯干。

了解这些笔画所表示的意义，对理解汉字的意义、掌握汉字会有一些帮助。

● 回答问题

(1) 最初汉字的笔画表示什么？
(2) 说说"照"字底下的四点表示什么。
(3) 想想"山"字中间的一竖表示什么。
(4) 想想"天"字上边的一横代表什么。

4 预习（查词典，给下列词语注音，并了解它们的意思）

洗	闭	倍	碰	整	摔	掉
油画	放大	公分	差点儿	事故	眼镜	倒霉
摔跤	地上	上班	下班	保证	遵守	规则
造成	拥挤	主要	原因	之一	引起	赶快
发展	别提了					

Lesson 8

| 第八课 | Dì-bā Kè |

一 生字

洗	xǐ	to develop (a photo)
闭	bì	to close
油	yóu	oil
倍	bèi	times
碰	pèng	to meet
整	zhěng	full, whole
镜	jìng	lens
倒	dǎo	to fail
霉	méi	mildew
摔	shuāi	to fall
跤	jiāo	fall
掉	diào	to fall, drop
保	bǎo	to guarantee
遵	zūn	to follow, observe
守	shǒu	to observe
规	guī	rule, regulation
则	zé	rule, regulation
造	zào	to make, create

拥	yōng	crowd
之	zhī	of
引	yǐn	to cause
赶	gǎn	to hurry

二 字—词(词组)

油—画	油画	yóuhuà	oil painting
事—故	事故	shìgù	accident
眼—镜	眼镜	yǎnjìng	glasses
倒—霉	倒霉	dǎo méi	to have bad luck
摔—跤	摔跤	shuāi jiāo	to tumble, fall
保—证	保证	bǎozhèng	to guarantee, ensure
遵—守	遵守	zūnshǒu	to observe
规—则	规则	guīzé	rule, regulation
造—成	造成	zàochéng	to cause, to bring about
拥—挤	拥挤	yōngjǐ	to crowd
之—一	……之一	…zhī yī	one of
引—起	引起	yǐnqǐ	to arouse, cause, lead to
赶—快	赶快	gǎnkuài	quickly

三 课文

注意交通安全

在北京，有一辆自行车出门非常方便。骑上自行车，去哪儿都可以，

安全 ānquán (形) safe

可是要注意安全，别骑得太快，太快了很容易发生交通事故。昨天，我就碰到一起交通事故。

　　昨天下午我骑车去看一个朋友。骑到一个十字路口，遇上了红灯。我下了车，想等绿灯亮了再过去。这时候，一个戴眼镜的小伙子从后边骑过来。他骑得很快，到了十字路口也没停车，还继续往前边骑。忽然，从左边路口开过来一辆汽车，小伙子没注意，一下子撞到了汽车上。小伙子摔了一跤，手摔破了，眼镜也摔坏了。大家赶快帮他扶起车，汽车司机也下车来看他。看到他没受什么伤，大家都放心了。

　　发生交通事故的原因很多，但是不遵守交通规则是其中一个重要原因。这起事故就是因为小伙子骑快车、不遵守交通规则造成的。

　　为了保证交通安全，大家都要遵守交通规则。骑自行车时，一定要在自行车道里骑，不要骑得太快。到了路口，更要特别注意。遇上红灯时，一定要停下来，等绿灯亮了再走。碰到旁边有汽车时，不要跟它比赛。只要人们遵守交通规则，注意交通安全，

十字路口 shízì lùkǒu
crossroad

戴 dài（动）
to wear, put on

撞 zhuàng（动）
to bump against

破 pò（动）broken

扶 fú　（动）to support oneself or sb. else with the hand

重要 zhòngyào（形）
important

道 dào（名）path, road

只要 zhǐyào（连）as long as

就会减少事故的。

　　为了您和他人的安全，请遵守交通规则。

减少　jiǎnshǎo（动）
to decrease

◎ 根据短文判断正误

（1）骑车容易发生交通事故。　　　　　　　　　　（　　）
（2）在一个十字路口，遇上了红灯，"我"停了车，那个小伙子没停。　　　　　　　　　　　　　　　　（　　）
（3）那个小伙子撞到汽车上了。　　　　　　　　　（　　）
（4）小伙子受了伤，很厉害。　　　　　　　　　　（　　）
（5）这起交通事故完全是因为小伙子骑快车，不遵守交通规则。　　　　　　　　　　　　　　　　　（　　）
（6）大家都遵守交通规则，注意交通安全，就会少发生交通事故。　　　　　　　　　　　　　　　　（　　）

◎ 回答问题

（1）为什么说在北京骑自行车出门很方便？
（2）"我"碰到的这起交通事故是什么时候、在哪儿、怎么发生的？
（3）骑自行车应该注意什么？

四　练习

1 快速找出与左边相同的词

油画：国画　油田　油画　描画
眼镜：眼睛　明镜　情境　眼镜
造成：造反　造成　速成　适应

保证：保护　作证　论证　保证
原因：原由　病因　原因　成因
赶快：赶忙　赶快　欢快　赶紧

② 用下列汉字组词

事　拥　眼　引　床　倒　遵　原　赶　保　油　规　愉　成

快　因　霉　绩　守　睛　画　起　镜　造　则　挤　故　证

_____

_____

③ 在下面的空格中填上一个汉字，使其上下、左右各成为一个词（词组）

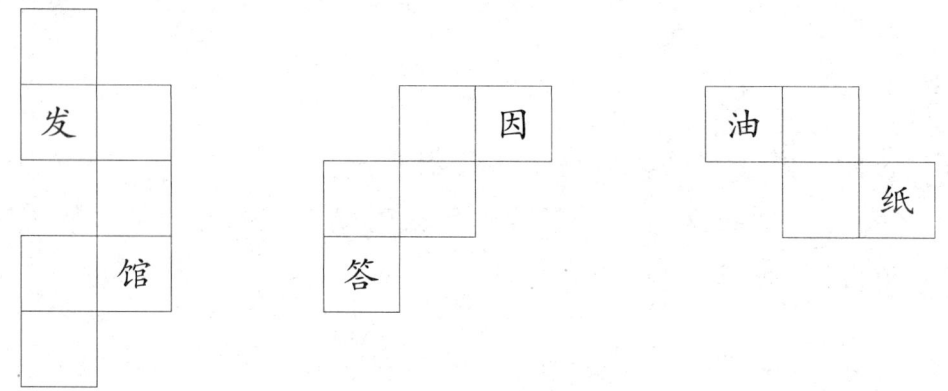

④ 选词填空

(1) 他的眼镜_____在地上_____坏了。　　　　　（摔 / 掉）
(2) 那个地方常常发生交通_____。　　　　　　　（事 / 事故）
(3) 人多车多是_____交通拥挤的一个原因。　　　（造成 / 产生）
(4) 真_____霉，我们_____车站时车刚开走。　　（到 / 倒）

(5) _____不好应该戴_____。 （眼睛 / 眼镜）

(6) 这几张照片上你的眼睛怎么都是_____上的？ （关 / 闭）

(7) 刮风了，_____上窗户吧。 （关 / 闭）

(8) 感冒很容易_____别的病。 （产生 / 引起）

五 课外练习

1 描、写汉字

洗	9画 氵洗	洗	洗	洗		xǐ develop
闭	6画 门闭	闭	闭	闭		bì close
油	8画 氵油	油	油	油		yóu oil
倍	10画 亻倍	倍	倍	倍		bèi times
碰	13画 石 矿 矿 研 碰 碰 碰	碰	碰	碰		pèng touch
整	16画 一 口 束 束 束 敕 整	整	整	整		zhěng whole
镜	16画 钅 铲 钜 镜	镜	镜	镜		jìng lens
倒	10画 亻倒	倒	倒	倒		dǎo méi have bad luck
霉	15画 雨 霉	霉	霉	霉		
摔	14画 扌 扩 按 按 捽 捽 摔	摔	摔	摔		shuāi jiāo have a fall
跤	13画 足 跤	跤	跤	跤		
掉	11画 扌 扌 扩 掉 掉	掉	掉	掉		diào drop
保	9画 亻 伫 保	保	保	保		bǎo guarantee

遵	15画 丷 广 芦 芦 茜 茜 酋 酋 尊 尊 遵	遵	遵	遵				zūnshǒu observe
守	6画 宀 守	守	守	守				
规	8画 二 丰 丰 规	规	规	规				guīzé rule, regulation
则	6画 贝 则	则	则	则				
造	10画 告 造	造	造	造				zào make
拥	8画 扌 拥	拥	拥	拥				yōng crowd
之	3画 丶 丷 之	之	之	之				zhī of
引	4画 弓 引	引	引	引				yǐn cause
赶	10画 走 赶	赶	赶	赶				gǎn hurry

2 给下列汉字注音并组词

赶____（   ）   油____（   ）   规____（   ）

起____（   ）   邮____（   ）   现____（   ）

挤____（   ）   造____（   ）   闭____（   ）

济____（   ）   适____（   ）   闲____（   ）

3 阅读短文

骑自行车要遵守交通规则

骑自行车很方便，但是一定要遵守交通规则，注意安全，要做到：

1. 讲究交通公德，遵守交通法规，自觉服从交通民警的指挥。

2. 各行其道，在没有划分车道的路上，要靠右行驶。

3. 通过路口时要遵守交通信号，停车不越线，不绕信号行驶。

4. 不逆行，不双手离把骑行，不攀扶其他车辆，不在便道上行驶。

5. 转弯时要伸手示意，不抢行猛拐。

6. 骑车不带人，载物不违章。

7. 停车不乱放，在画有停车线的区域内停车要摆放整齐。

8. 自行车车铃、闸、锁、牌照要齐全有效。

◯ 回答问题

（1）骑自行车时应该注意什么？

（2）你会骑自行车吗？你是怎么骑车的？

4 预习（查词典，给下列词语注音，并了解它们的意思）

各　　抽　　挑(选)　　拍　　盒　　盘　　累(了)

困　　修　　却　　插　　拔　　图书　　兴奋

各种各样　　书架　　小说　　除了　　以外　　于是　　音像

这里　　那里　　根据　　学期　　纸箱　　饭馆　　电梯

维修　　楼梯　　只好　　钥匙　　忽然　　哭笑不得

Lesson 9

第 九 课 — Dì-jiǔ Kè

一 生字

各	gè	every, each
奋	fèn	to act vigorously
架	jià	a measure word for planes, pianos etc.
抽	chōu	to take sth. from within
挑	tiāo	to choose
选	xuǎn	to select
除	chú	besides, except
于	yú	
根	gēn	
据	jù	according to
拍	pāi	to shoot (a film, a TV serial etc.)
盒	hé	box
盘	pán	plate
累	lèi	tired
困	kùn	sleepy
梯	tī	stairs
维	wéi	
修	xiū	to repair

钥	yào	key
匙	shì	
忽	hū	suddenly
插	chā	to insert
拔	bá	to pull out

二 字—词

兴—奋	兴奋	xīngfèn	excited
书—架	书架	shūjià	bookshelf
除—了	除了	chúle	besides, except
于—是	于是	yúshì	so, then, hence
根—据	根据	gēnjù	on the basis of, according to
电—梯	电梯	diàntī	elevator, lift
楼—梯	楼梯	lóutī	stair, stairway
维—修	维修	wéixiū	to maintain
钥—匙	钥匙	yàoshi	key
忽—然	忽然	hūrán	suddenly

三 课文

鲁 迅

鲁迅是中国现代伟大的文学家、思想家和教育家。

鲁迅（1881–1936）原名叫周树人，浙江绍兴人。鲁迅年轻时非常喜

伟大 wěidà（形）great
文学 wénxué（名）literature
思想 sīxiǎng（名）thought
教育 jiàoyù（名）education
原名 yuánmíng（名）
　former name

欢读书，他对中国文学和历史都有比较深的了解。1902年鲁迅去日本留学。他先学习医学，后来改学文学，并且开始文学创作。1908年回国后，鲁迅先生先后在浙江杭州、绍兴教书。后来他又在北京大学、北京师范大学、广州中山大学等学校工作。1918年，他第一次用"鲁迅"做笔名，发表了著名的小说《狂人日记》，这部小说是中国现代文学史上第一篇白话小说。在这以后的十多年中，鲁迅又创作了《阿Q正传》、《祝福》等二十几篇白话小说。1927年，他到了上海。在上海期间，鲁迅先生写了很多文章，并翻译了不少外国文学作品。

鲁迅是中国现代文学的奠基人，是世界上最有成就的作家之一。现在已经出版的《鲁迅全集》共有二十卷，包括了鲁迅全部的作品，其中不少作品已经翻译成了几十种文字，还有一些作品拍成了电影、电视剧，如《阿Q正传》、《祝福》、《药》等。

并且 bìngqiě (连) and
创作 chuàngzuò (动) to write, create
笔名 bǐmíng (名) pen name
著名 zhùmíng (形) famous
白话 báihuà (名) vernacular
作品 zuòpǐn (名) works
奠基 diànjī (动) to lay a foundation
成就 chéngjiù (名) achievement
卷 juàn (量) volume

专　名

浙江 Zhèjiāng
　　name of a province
绍兴 Shàoxīng
　　name of a place
《狂人日记》 Kuángrén Rìjì
　　name of a novel written by Lu Xun
《鲁迅全集》 Lǔ Xùn Quánjí
　　The Complete Works of Lun Xun
北京师范大学
　　Běijīng Shīfàn Dàxué
　　Beijing Normal University
中山大学
　　Zhōngshān Dàxué
　　Sun Yat-sen University

● 根据短文判断正误

(1) 周树人是鲁迅原来的名字。　　　　　　　　　　（　）
(2) 鲁迅在日本当过医生。　　　　　　　　　　　　（　）
(3) 鲁迅在北京大学、北京师范大学等学校当过老师。（　）
(4)《狂人日记》发表以前，中国没有白话小说。　　（　）
(5)《狂人日记》发表以后，鲁迅又写了不少白话小说。（　）
(6) 鲁迅先生翻译了不少自己的作品。　　　　　　　（　）

● 回答问题

(1) 本文介绍了鲁迅先生的哪些情况？
(2) 为什么说鲁迅先生是一个文学家、思想家、教育家？

四 练习

① 快速找出与左边相同的词

书架：衣架　书架　书桌　房架
电梯：电视　楼梯　电机　电梯
维修：维护　准确　难得　维修
忽然：突然　忽热　忽然　虽然
兴奋：兴办　兴奋　兴会　六畜

② 用下列汉字组词

兴　书　钥　根　维　录　于　然　报　高　除　楼　箱　电

是　了　修　像　名　奋　架　当　梯　纸　音　匙　忽　据

3 在下面的空格中填上一个汉字，使其上下、左右各成为一个词（词组）

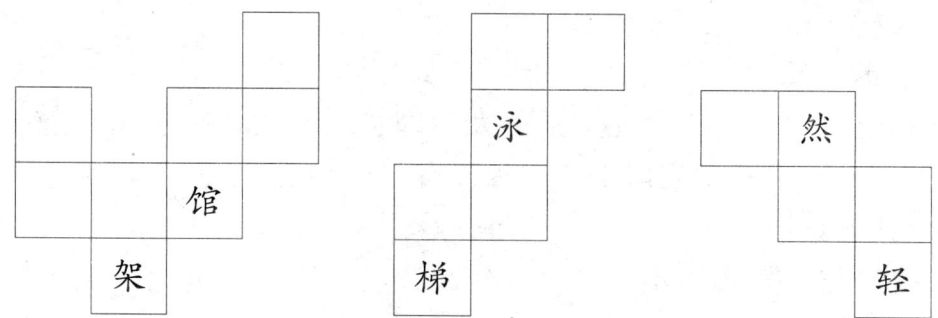

4 选词填空

(1) 王小姐，认识你很_____。 （兴奋／高兴）
(2) 电梯正在维修，咱们走_____吧。 （下来／下去）
(3) 弟弟比哥哥小5岁，_____弟弟_____比哥哥高5厘米。
　　　　　　　　　　　　　　　　　　　　　　（可是／却）
(4) 电影《祝福》是根据鲁迅先生的同名小说_____的。
　　　　　　　　　　　　　　　　　　　　　　（照／拍）
(5) 为了安全，电梯要定期（regular）_____。 （修／维修）
(6) 他学习非常努力，_____成绩这么好。 （于是／所以）
(7) 我们学校里有三个学生_____，还有一家穆斯林
　　 (Muslim) _____。 （食堂／饭馆）
(8) 钥匙别_____在门上，要记住_____下来。 （插／拔）

五 课外练习

1 描、写汉字

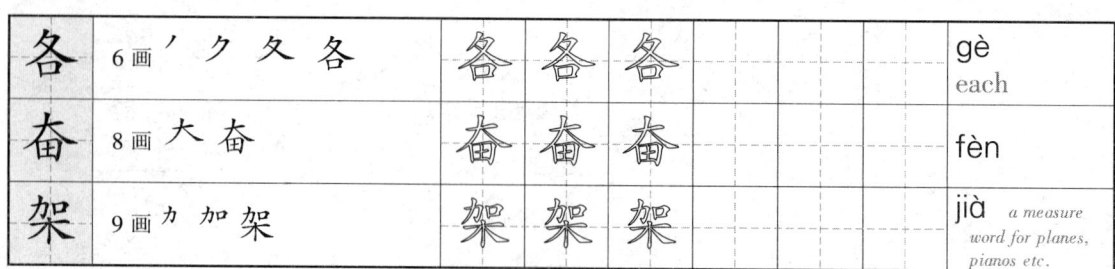

抽	8画 扌抽	抽	抽	抽			chōu pull out
挑	9画 扌挑	挑	挑	挑			tiāo select
选	9画 先选	选	选	选			xuǎn select
除	9画 阝队阶除除	除	除	除			chú except
于	3画 一二于	于	于	于			yú
根	10画 木根	根	根	根			gēnjù according to
据	11画 扌据	据	据	据			
拍	8画 扌拍	拍	拍	拍			pāi shoot
盒	11画 合盒	盒	盒	盒			hé box
盘	11画 舟盘	盘	盘	盘			pán a measure word
累	11画 甲累累	累	累	累			lèi tired
困	7画 囗困困	困	困	困			kùn sleepy
梯	11画 木木'木'术梯梯梯	梯	梯	梯			tī stair
维	11画 纟维	维	维	维			wéixiū repair
修	9画 亻仁攸修	修	修	修			
钥	9画 钅钥	钥	钥	钥			yàoshi key
匙	11画 是是匙	匙	匙	匙			
忽	8画 ノ勹勿忽	忽	忽	忽			hū suddenly
插	11画 扌扩扦扦扦插插插	插	插	插			chā insert
拔	8画 扌拔拔	拔	拔	拔			bá pull out

2 给下列汉字注音并组词

架____（　　）　挑____（　　）　困____（　　）
驾____（　　）　桃____（　　）　团____（　　）

拔____（　　）　维____（　　）　抽____（　　）
拨____（　　）　推____（　　）　押____（　　）

3 阅读短文

钥 匙 链

我有一个爱好——收集钥匙链，现在已经收集了300多种了，有金属的，有塑料的，有皮的，有瓷的；有硬的，有软的；有动物图案的，有植物图案的；有音乐的，有能说话的；有我们国家的，也有不少别的国家的；有朋友送的，可大部分是我自己买的。这些钥匙链中我最喜欢的是米老鼠的，一共有30多个，图案不同，用的材料也不一样，而且是不同国家生产的。

我喜欢旅行。每到一个地方，除了参观游览那儿的名胜古迹和旅游景点以外，我一定还要逛逛卖纪念品的市场，就是为了买钥匙链。我记得在欧洲的一个小城市，钥匙链可以当时做。游客把自己喜欢的照片交给制作者，他把照片放进一个小机器里，一两分钟以后，一个带有游客照片的钥匙链就做好了。我给了他两张照片，一张是我的头像，另一张是我和制作者当时照的合影。一会儿两个钥匙链就做好了。我觉得这两个钥匙链很有意思。

我的钥匙链都分了类：植物类、动物类、人物类、交通工具类、器物类，等等。我还要收集更多的钥匙链，也许有一天，我可以办一个钥匙链展览呢。

● 根据短文判断正误

(1) "我"已经收集 300 多个钥匙链了。　　　　　（　）
(2) "我"收藏的钥匙链不都是自己国家的。　　　（　）
(3) "我"收藏的钥匙链都是自己买的。　　　　　（　）
(4) 每次旅游时，"我"都要去纪念品市场逛逛。　（　）
(5) "我"的钥匙链里，有一个上面有"我"的照片。（　）

4 预习（查词典，给下列词语注音，并了解它们的意思）

戴　　副　　穿　　扛　　墙　　挂　　摆

帅　　中心　　会议厅　　服务员　　个子　　左右　　西服

裙子　　主持人　　小伙子　　摄像机　　麦克风　　讲话　　婚礼

热闹　　灯笼　　新娘　　新郎　　棉袄　　领带　　热情

客人　　不停　　气氛

Lesson 10

| 第 十 课 | Dì-shí Kè |

一 生字

议	yì	to discuss
务	wù	affair, business
戴	dài	to wear
副	fù	*a measure word*
穿	chuān	to put on, wear
裙	qún	skirt
扛	káng	to carry (on the shoulder)
摄	shè	to take a photograph
麦	mài	
克	kè	
讲	jiǎng	to talk, speak
墙	qiáng	wall
闹	nào	to make a noise; noisy
挂	guà	to hang
笼	lóng	cage
摆	bǎi	to put, place
娘	niáng	mother
郎	láng	

棉	mián	cotton
袄	ǎo	lined Chinese-style coat or jacket
帅	shuài	handsome, smart
领	lǐng	neck
氛	fēn	atmosphere

二 字—词(词组)

会—议	会议	huìyì	conference, meeting
会议—厅	会议厅	huìyìtīng	conference hall
议—会	议会	yìhuì	parliament
服—务	服务	fúwù	to serve
服务—员	服务员	fúwùyuán	attendant, waiter or waitress
裙—子	裙子	qúnzi	skirt
摄—像	摄像	shèxiàng	to make a video recording
摄像—机	摄像机	shèxiàngjī	video camera
讲—话	讲话	jiǎng huà	to speak
热—闹	热闹	rènao	lively, bustling with noise and excitement
灯—笼	灯笼	dēnglong	lantern
新—娘	新娘	xīnniáng	bride
新—郎	新郎	xīnláng	bridegroom
棉—袄	棉袄	mián'ǎo	cotton-padded jacket
领—带	领带	lǐngdài	necktie
气—氛	气氛	qìfēn	atmosphere

三 课文

婚 礼

最近，我参加了一个中国朋友的婚礼。这个婚礼办得很有意义。

新娘和新郎是大学同学，恋爱已经五年了。新郎现在在一家中外合资公司工作。新娘是我的老师，上课时她是我和同学们的老师，下课以后她是我们的朋友，而且是很好的朋友。

听说老师要结婚，我们班的同学都想参加她的婚礼。我们还从来没参加过中国人的婚礼呢。我们问老师"可以吗？"，老师说"当然可以了！"。老师又说，他们的婚礼跟别人不一样，我们问怎么不一样，老师不说。她只说到时候我们就知道了。

婚礼那天，我们来到老师家。这天客人很多，大部分是老师的同学和同事。我们问老师："婚礼在哪儿举行？"老师说："咱们现在就出发。"老师和新郎带着参加婚礼的人来到一个公园。这个公园不小，里面有很多树，还有很多花儿。老师对大家说："朋友们，我们的婚礼现在开始。大家知道，今天对我们来说是一个很有意

意义 yìyì（名）
significance, meaning
恋爱 liàn'ài（动）
to be in love
合资 hézī（动） joint venture

听说 tīngshuō（动）
to be told, hear of

同事 tóngshì（名）
colleague

义的日子。为了让我们和大家都记住这个日子,我请大家跟我们一起来种树。"大家听了,都很高兴,觉得这个婚礼又新颖又有意义。十几棵树很快就种好了。这时候,有人拿来一些小纸牌儿,我们在牌儿上写上"祝老师新婚快乐!",下面写上了我们的名字。写好后就挂在我们种的那棵树上。然后,我们跟老师一起照了相。

种完树我们又回到老师家,老师请我们吃喜糖、吃蛋糕。我们大家一边吃一边聊。我们都觉得这个婚礼真的很有意义。

种 zhòng(动) to plant

新颖 xīnyǐng(形) new and original

牌儿 páir(名) plate, tablet

◎ 根据短文判断正误

(1) 老师的婚礼办得很有意义。　　　　　　　　　　　(　　)
(2) 学生们以前没参加过中国人的婚礼。　　　　　　　(　　)
(3) 老师说他们的婚礼跟别人不一样,她告诉学生们怎么不一样了。　　　　　　　　　　　　　　　　　　　(　　)
(4) 参加婚礼的人都是老师的同事和以前的同学。　　　(　　)
(5) 老师的婚礼是在一个公园举办的。　　　　　　　　(　　)
(6) 大家种树,是为了纪念他们的结婚日。　　　　　　(　　)

◎ 回答问题

(1) 学生们为什么要参加老师的婚礼?
(2) 婚礼为什么在公园举办?
(3) 你觉得这个婚礼怎么样?

四　练习

① 快速找出与左边相同的词

  热闹：热门　热爱　热带　热闹
  气氛：气象　氧气　气氛　气体
  会议：会谈　会议　议会　含义
  讲话：说话　谈话　讲演　讲话
  领带：领导　领带　宽带　带领

② 用下列汉字组词

  会　婚　讲　气　裙　结　堂　郎　热　娘　西　客

  食　子　话　新　闹　服　氛　礼　情　人　议　果

_____

_____

③ 在下面的空格中填上一个汉字，使其上下、左右各成为一个词（词组）

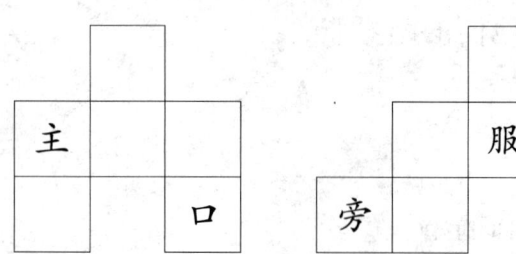
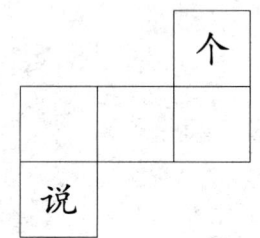

4 选词填空

(1) 很多商店门口都_____着牌子，上面写着商店的营业时间。 （贴/挂）

(2) 他今天_____了一件浅色衬衫，_____了一条深色领带。 （戴/穿）

(3) 你的自行车_____在哪儿了？ （放/摆）

(4) 你这_____眼镜在哪儿买的？ （副/双）

(5) 昨天的晚会真_____，来了那么多人，大家又唱又跳。 （热闹/好看）

(6) 我觉得那个运动员有1米8_____。 （差不多/左右）

(7) 明天的会议你要_____，准备好了吗？ （讲话/说话）

(8) 我感到这里的天气很_____，人也非常_____。 （热情/暖和）

五 课外练习

1 描、写汉字

议	5画	讠讠议议	议	议	议			yì discuss
务	5画	夂务	务	务	务			wù affair
戴	17画	十土吉 壴 戴戴戴	戴	戴	戴			dài wear
副	11画	畐 副	副	副	副			fù a measure word
穿	9画	穴 穿	穿	穿	穿			chuān wear
裙	12画	丶丿冫礻衤衤 衤⺀衤⺈裙	裙	裙	裙			qún skirt
扛	6画	扌扛	扛	扛	扛			káng carry

摄	13画 扌护摄	摄	摄	摄				shè take a photograph
麦	7画 一二十丰声麦麦	麦	麦	麦				mài
克	7画 十古克	克	克	克				kè
讲	6画 讠讲	讲	讲	讲				jiǎng speak
墙	14画 土扌护圹垃墙	墙	墙	墙				qiáng wall
闹	8画 门门闩闩闹闹	闹	闹	闹				nào noisy
挂	9画 扌扗挂	挂	挂	挂				guà hang
笼	11画 竹竹竺笼笼笼	笼	笼	笼				lóng cage
摆	13画 扌押摆	摆	摆	摆				bǎi place
娘	10画 女女妇妒妒娘娘	娘	娘	娘				niáng mother
郎	8画 丶冫冫自良郎	郎	郎	郎				láng
棉	12画 木柏棉	棉	棉	棉				mián'ǎo cotton-padded coat
袄	9画 衤衤衤袄	袄	袄	袄				
帅	5画 刂帅	帅	帅	帅				shuài handsome
领	11画 丿丶乆令令领	领	领	领				lǐng neck
氛	8画 气氛	氛	氛	氛				fēn atmosphere

② 给下列汉字注音并组词

挂____（　　）　穿____（　　）　郎____（　　）

佳____（　　）　寄____（　　）　邻____（　　）

议____（   ）　　扛____（   ）　　帅____（   ）

仪____（   ）　　杠____（   ）　　师____（   ）

副____（   ）

幅____（   ）

3 阅读短文

"礼帽"与"礼貌"

王丽是一家商店的年轻售货员。她工作很好，对顾客很热情，很有礼貌。

一天，来了一位老先生。王丽热情地对老先生说："欢迎您，老先生。请问您要买什么？"老先生告诉她，他要买一顶帽子。王丽说："我们这里有各种各样的帽子。您看，都在这儿挂着呢。不知道您要什么样子的？是您自己戴，还是给别人买？""我自己戴。我想要一顶礼帽。"老先生说。"老先生，真对不起，我们这里没有礼帽。"王丽说，"这样吧，请您留下您的地址、姓名、电话号码，还有您要的礼帽的颜色和号码。我到别的商店去看看，等买到了，我打电话告诉您，然后再给您送去。您看好吗？""不用了，不用了。谢谢你，小姐。我已经买到了。""买到了？那您……？""啊，小姐，我没买到'礼帽'，可是却买到'礼貌'了。谢谢你。"

○ 回答问题

（1）王丽是做什么工作的？她工作怎么样？

（2）老先生来买什么？他买到了吗？

（3）你觉得王丽是一个怎样的售货员？

4 预习（查词典，给下列词语注音，并了解它们的意思）

| 空(车) | 棵 | 枣 | 尝 | 甜 | 盖(楼) | 搬 |

| 越来越 | 四合院 | 院子 | 住宅 | 小区 | 遗憾 | 舍不得 |

| 离开 | 现代化 | 圣诞节 | 新年 | 随便 | 感想 | 体会 |

| 意见 | 建议 | 出门 | 人们 | 丰富 | 打扮 | 装饰 |

| 礼物 | 欢乐 | 节日 | 春节 |

Lesson 11

第十一课　Dì-shíyī Kè

一　生字

空	kōng	vacant, unoccupied
棵	kē	*a measure word*
枣	zǎo	Chinese date
尝	cháng	to taste
盖	gài	to build
搬	bān	to move
越	yuè	the more...
宅	zhái	residence, house
遗	yí	
憾	hàn	disappointment, regret
圣	shèng	saint
诞	dàn	birth
随	suí	to let (sb. do as he likes)
丰	fēng	plentiful
富	fù	rich
扮	bàn	to be dressed up
装	zhuāng	to decorate
饰	shì	decoration
联	lián	to unite

二 字—词（词组）

越—越	越……越……	yuè…yuè…	the more...the more...
越—来—越	越来越……	yuèláiyuè…	more and more
住—宅	住宅	zhùzhái	residence
遗—憾	遗憾	yíhàn	sorry, regretful
圣—诞	圣诞	Shèngdàn	Christmas
圣诞—节	圣诞节	Shèngdàn Jié	Christmas, Christmas Day
随—便	随便	suíbiàn	casual; do as one pleases; anyhow
丰—富	丰富	fēngfù	rich, plentiful
打—扮	打扮	dǎban	to dress up
装—饰	装饰	zhuāngshì	to decorate, ornament
联—欢	联欢	liánhuān	to have a get-together
联欢—会	联欢会	liánhuānhuì	get-together, party

三 课文

北京的四合院

四合院是老北京人居住的主要建筑形式。

四合院是由东、南、西、北四面

居住 jūzhù（动）
to reside, live

房子围起来形成的内院式住宅。它是封闭的，对外只有一个大门，非常适合一家人居住。四合院里四周的房屋各自独立，房子的门都向院内开。四合院中，北面的房子最好，叫做正房，是家中的长辈居住的地方。东西两边的房子比北房差一些，是晚辈们居住的地方。

四合院大小不一样，有的相差很大。由四面房子围起一个院子是四合院的一个单元，有的四合院有四个或者五个这样的单元，多的还有九个单元的大四合院。

北京的四合院很讲究绿化。院内的空地上常常种树、种花、种草。一般在正房前左右两边各种两棵树，有海棠树、石榴树、枣树等。春天这些树会开出漂亮的花，夏天人们可以在树下乘凉，秋天树上结出很多水果。四合院中花草很多，有的大四合院还另有花园。每年春、夏、秋三季，园中的鲜花五颜六色，十分漂亮。

北京的四合院已经有几百年的历史了，它留给人们的不只是一座座建筑，而且还是宝贵的文化遗产。

形成 xíngchéng（动）to form
内院 nèiyuàn（名） inner-yard
封闭 fēngbì（动）closed
独立 dúlì（动） to be independent
叫做 jiàozuò（动） to be called
正房 zhèngfáng（名） principal room
长辈 zhǎngbèi（名） member of an elder generation
晚辈 wǎnbèi（名） younger generation
单元 dānyuán（名）unit

讲究 jiǎngjiu（动） to stress, pay attention to
绿化 lǜhuà（动） to green, afforest
海棠 hǎitáng（名） Chinese flowering crab-apple
石榴 shíliu（名） pomegranate
乘凉 chéng liáng（动） to relax in a cool place
结 jiē（动）to bear (fruit)

● 根据短文判断正误

(1) 四合院里四面都有房子。　　　　　　（　）
(2) 四合院中北房是正房。　　　　　　　（　）
(3) 四合院都是一样的。　　　　　　　　（　）
(4) 四合院内一般都种树、种花、种草。　（　）
(5) 四合院里都有花园。　　　　　　　　（　）

● 回答问题

(1) 你了解北京的四合院吗？它是一种什么样的建筑？
(2) 你觉得四合院这种建筑怎么样？为什么？

四　练习

① 快速找出与左边相同的词

住宅：住家　住房　住处　住宅
随便：随时　随便　顺便　即使
装饰：服饰　装修　装饰　服装
节日：节目　生日　书目　节日

② 用下列汉字组词

打　随　装　欢　和　住　遗　丰　客　意　医　四　建　合
憾　做　院　便　气　厅　议　乐　扮　饰　宅　见　富　适

❸ 在下面的空格中填上一个汉字，使其上下、左右各成为一个词（词组）

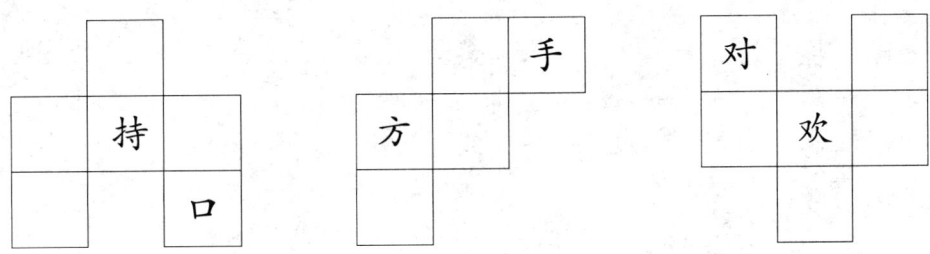

❹ 选词填空

(1) 我没_____家，还住在老地方。　　　　　　　　（动 / 搬）

(2) _____了生活多年的故乡，真舍不得。　　　　（离开 / 出门）

(3) 你_____我做的这个菜怎么样。　　　　　　　（尝尝 / 吃吃）

(4) 新年快到了，很多商店都_____得很漂亮。　　（打扮 / 装饰）

(5) 年轻人爱_____，特别是年轻姑娘。　　　　　（打扮 / 装饰）

(6) 大家都是老朋友了，_____聊聊。　　　　　　（方便 / 随便）

(7) 这_____树有二百年的历史了。　　　　　　　　（个 / 棵）

(8) _____是中国农历_____，是中国最大的传统（chuántǒng, traditional）节日。　　　　　　　　　　　　　　　　　（新年，春节）

五 课外练习

❶ 描、写汉字

空	8画 穴 空	空 空 空	kōng unoccupied
棵	12画 木 棵	棵 棵 棵	kē a measure word
枣	8画 一ㄏ㠯㐬束束枣枣	枣 枣 枣	zǎo Chinese date
尝	9画 ⺌ 尝	尝 尝 尝	cháng taste

87

盖	11画 丷 羊 盖	盖	盖	盖			gài build
搬	13画 扌 搬	搬	搬	搬			bān move
越	12画 走 赱 赺 越 越 越	越	越	越			yuè the more ...
宅	6画 宀 宁 宇 宅	宅	宅	宅			zhái pity
遗	12画 贵 遗	遗	遗	遗			yíhàn regretful
憾	16画 忄 憾	憾	憾	憾			
圣	5画 又 圣	圣	圣	圣			Shèngdàn Christmas
诞	8画 讠 讠 计 讦 证 诞	诞	诞	诞			
随	11画 阝 陏 随	随	随	随			suí
丰	4画 一 二 三 丰	丰	丰	丰			fēngfù rich
富	12画 宀 富	富	富	富			
扮	7画 扌 扮	扮	扮	扮			bàn be dressed up
装	12画 丬 壮 装	装	装	装			zhuāngshì decorate
饰	8画 饣 饣 饣 饰	饰	饰	饰			
联	12画 耳 联	联	联	联			lián unite

② 给下列汉字注音并组词

扮____（　　） 装____（　　） 棵____（　　）

拐____（　　） 袋____（　　） 课____（　　）

丰____（　　） 憾____（　　） 越____（　　）

牛____（　　） 撼____（　　） 趣____（　　）

联____（　　　）

职____（　　　）

③ 阅读短文

北京的胡同

"胡同"这个词从中国古代元朝开始就在北京使用了。语言学家研究发现,"胡同"是汉语吸收了蒙古语"水井"的发音。古时候北京缺水,在水井周围住着好多人家。人们在盖房时会留出道路,住的人越多,道路就越长,胡同就这样慢慢形成了。

胡同是北京特有的,大多数在紫禁城（Zǐjìn Chéng, the Forbidden City）周围。北京有多少条胡同？据统计,1944年北京有3200多条胡同。60多年来,北京发生了巨大的变化,特别是近20多年,高楼大厦越盖越多,胡同越来越少。目前,在北京被叫做胡同的街只有990条了,而且这个数字还在减少。

胡同是北京历史文化的重要组成部分。那一条条胡同,一座座四合院,一个个门墩（méndūn, wooden or stone block that supports the pivot of a door）,一棵棵古树,都能讲出一个个故事。近些年,北京开办了胡同游,向人们展现老北京的历史。北京还将20多个胡同、四合院作为历史文化保护区保护了起来。专家们说,"保护胡同和四合院,就是保护北京城的完整"。

◉ 回答问题

(1) 胡同是怎样形成的？

(2) 60多年来,北京的胡同减少了2000多条,这说明了什么？

(3) 为什么说胡同是北京历史文化的重要组成部分？

(4) 你去过北京的胡同吗？你想去吗？为什么？

4 预习（查词典，给下列词语注音，并了解它们的意思）

| 把 | 它 | 擦 | 副 | 福 | 倒 | 品尝 |

| 特色 | 亲手 | 布置 | 会场 | 管理员 | 告诉 | 答应 |

| 桌子 | 圆圈 | 黑板 | 音响 | 彩灯 | 彩带 | 精细 |

| 宾馆 | 夫人 | 水仙 | 对联 | 新春 | 吉祥 | 行业 |

| 可不是 | 仔细 | 认识 | 声音 | 椅子 | 沙发 | 冰箱 |

| 洗衣机 | 空调 |

Lesson 12

第十二课 | Dì-shí'èr Kè

一 生字

亲	qīn	in person
把	bǎ	a preposition emphasizing disposal or influence
它	tā	it
布	bù	to arrange, dispose
置	zhì	to set up
管	guǎn	to manage
告	gào	to tell
诉	sù	to tell, inform
应	yìng	to answer
扫	sǎo	to sweep
窗	chuāng	window
擦	cā	to rub, wipe
桌	zhuō	table
圆	yuán	round
圈	quān	circle
彩	cǎi	color
宾	bīn	guest
仙	xiān	immortal

吉	jí	lucky, auspicious
祥	xiáng	auspicious
识	shí	to know
椅	yǐ	chair
幸	xìng	happiness, good fortune
沙	shā	

二 字—词(词组)

亲—手	亲手	qīnshǒu	in person, with one's own hands
布—置	布置	bùzhì	to arrange, decorate
管—理	管理	guǎnlǐ	to manage
管理—员	管理员	guǎnlǐyuán	administrative personnel
告—诉	告诉	gàosu	to tell
答—应	答应	dāying	to agree, answer
窗—户	窗户	chuānghu	window
打—扫	打扫	dǎsǎo	to clean
桌—子	桌子	zhuōzi	table, desk
圆—圈	圆圈	yuánquān	circle, ring
彩—灯	彩灯	cǎidēng	colored light
彩—带	彩带	cǎidài	colored ribbon
宾—馆	宾馆	bīnguǎn	hotel
水—仙	水仙	shuǐxiān	narcissus
吉—祥	吉祥	jíxiáng	auspicious, lucky
仔—细	仔细	zǐxì	careful
认—识	认识	rènshi	to know, recognize
椅—子	椅子	yǐzi	chair

| 幸—福 | 幸福 | xìngfú | happiness; happy |
| 沙—发 | 沙发 | shāfā | sofa |

三 课文

布置房间

这个周末，我们班的同学要在我的房间举行一个晚会。我得把我的房间好好儿布置一下。

我住在学校的学生宿舍里。房间不太大，有十四五平米。房间不大，东西可不少，有衣柜、床、写字台、书架，还有电视、音响、电脑。平时，我不太注意收拾，所以房间里有点儿乱。书架上有书，写字台上有书，床上也有书。真得好好儿收拾收拾了，我得给同学们留个好印象。

怎么收拾呢？我想，先把家具重新摆一下。把写字台放到窗户前边，床放在写字台左边，书架放在写字台右边。把衣柜放在门后边。再买一小块地毯，铺在地上。另外，我还要买一个电视柜，上面放电视，下面放音响。电脑还放在写字台上，那样用的时候很方便。我喜欢中国的书法，所以我想买一幅字挂在墙上。上次我去

收拾 shōushi（动）
to put in order

印象 yìnxiàng（名）
impression

重新 chóngxīn（副）
once again

地毯 dìtǎn（名）carpet
铺 pū（动）to spread
另外 lìngwài（副）
in addition, besides

字 zì（名）scripts

老师家的时候，看到老师家的墙上就有一幅很漂亮的字。我想这样一布置，我的房间一定会又整齐又干净。周末同学们来的时候，一定会夸奖我的房间布置得不错。

● 根据短文判断正误

（1）周末"我"要布置房间。　　　　　　　（　　）
（2）"我"的房间里东西很多。　　　　　　（　　）
（3）"我"的房间有点儿乱，所以不愿意收拾。（　　）
（4）"我"的电脑以前不在写字台上。　　　（　　）
（5）"我"喜欢书法，所以"我"的房间墙上挂着
　　　一幅字。　　　　　　　　　　　　（　　）
（6）同学们都夸奖"我"的房间布置得很好。（　　）

● 回答问题

（1）"我"为什么要布置房间？
（2）房间布置以后将有什么变化？

四 练习

1 快速找出与左边相同的词

　　　打扫：打扮　打听　打扰　打扫
　　　布置：安置　布景　布置　放置
　　　宾馆：饭馆　宾馆　旅馆　宾客
　　　答应：答案　答复　答卷　答应
　　　认识：认真　知识　认识　认证
　　　幸福：幸福　辛苦　幸运　享福

② 用下列汉字组词

布 告 幸 对 管 打 水 仔 吉 手 圆 沙 宾 认 应

细 馆 发 识 仙 圈 亲 扫 联 置 答 福 诉 理 祥

_____

_____

③ 在下面的空格中填上一个汉字，使其上下、左右各成为一个词（词组）

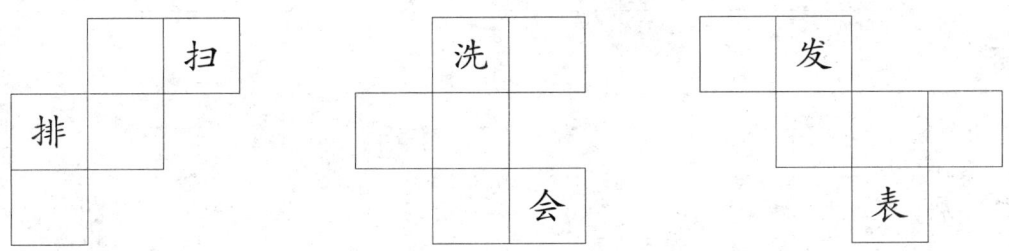

④ 选词填空

(1) 这_____画儿上有一个大大的_____字。　　　　（幅 / 福）

(2) 今天我要好好儿_____一下房间。　　　　　　　（安排 / 布置）

(3) 春节时，很多人家都在门两边_____对联。　　　（放 / 贴）

(4) 我_____父母放假时回去看他们。　　　　　　　（答应 / 答）

(5) 你们的房间_____干净了没有？　　　　　　　　（打扫 / 擦）

(6) 婚礼上，来宾们祝新娘、新郎生活_____。　　　（吉祥 / 幸福）

(7) 这是一家著名的_____，在这儿可以吃到很有特色的川菜。

　　　　　　　　　　　　　　　　　　　　　　　　（宾馆 / 饭店）

(8) 这个人我_____，但是我不_____他叫什么名字。

　　　　　　　　　　　　　　　　　　　　　　　　（认识 / 知道）

五 课外练习

1 描、写汉字

亲	9画	立 亲	亲	亲	亲				qīn in person
把	7画	扌 把	把	把	把				bǎ
它	5画	宀 宀 它	它	它	它				tā it
布	5画	一 ナ 布	布	布	布				bùzhì arrange
置	13画	罒 置	置	置	置				
管	14画	竹 管	管	管	管				guǎn manage
告	7画	生 告	告	告	告				gàosu tell
诉	7画	讠 诉 诉	诉	诉	诉				
应	7画	广 广 广 应 应	应	应	应				yìng answer
扫	6画	扌 扫	扫	扫	扫				sǎo sweep
窗	12画	宀 宀 宀 窣 窗 窗	窗	窗	窗				chuāng window
擦	17画	扌 扩 扩 扩 扩 扩 擦 擦	擦	擦	擦				cā wipe
桌	10画	丨 卜 占 桌	桌	桌	桌				zhuō table
圆	10画	冂 圆 圆	圆	圆	圆				yuánquān circle
圈	11画	冂 冂 冂 冂 冃 冑 冑 圈 圈 圈	圈	圈	圈				
彩	11画	罒 采 彩	彩	彩	彩				cǎi color
宾	10画	宀 宀 宀 宀 宀 宾 宾	宾	宾	宾				bīn guest

仙	5画 亻 仙	仙 仙 仙				xiān immortal
吉	6画 士 吉	吉 吉 吉				jíxiáng auspicious
祥	10画 礻 祥	祥 祥 祥				
识	7画 讠 识	识 识 识				shí know
椅	12画 木 椅	椅 椅 椅				yǐ chair
幸	8画 土 𠮷 㐉 幸	幸 幸 幸				xìng good fortune
沙	7画 氵 沙	沙 沙 沙				shā

② 给下列汉字注音并组词

圆____（　　） 祥____（　　） 管____（　　）
园____（　　） 样____（　　） 营____（　　）

诉____（　　） 幸____（　　） 识____（　　）
拆____（　　） 辛____（　　） 织____（　　）

③ 阅读短文

对　联

对联是一种文学形式，它在中国有上千年的历史了。直到今天，在春节时，在结婚时，或在商店、饭馆开张时，人们还贴对联表示喜庆。对联分为上联和下联，其特点是对称。上联和下联在字音、声调、字数、字义、内容等方面都要求对称。从对联所用的词语上看，基本上是名词对名词，动词对动词，形容词对形容词。从对联的字数上看，最少的只有两个字，最多的据说是一副上联、下联各二百字，全联共四百字的对联。从对联的内容上看，有写美丽景色的，有记录历史事件的，有抒发作者情感的，也有讽刺不良社会现象的。这里介绍一些对联给大家欣赏。

一元复始，
万象更新。

书山有路勤为径，
学海无涯苦作舟。

松、竹、梅岁寒三友，
桃、李、杏春风一家。

八百里湖山，知是何人图画，
十万家灯火，尽归此处亭台。（山东蓬莱阁联）

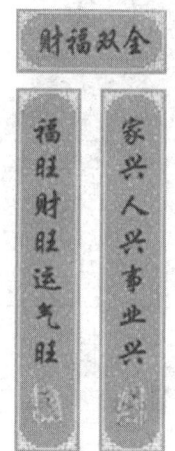

4 预习（查词典，给下列词语注音，并了解它们的意思）

乘（飞机） 装 掏 暗 系（带子） 扳 凉

洒 国外 办理 登机 手续 行李

托运 机票 登机牌 通过 安全 响声 硬币

画报 开关 扶手 空姐 起飞 安全带 卡子

插头 小心 杯子

Lesson 13

第十三课 Dì-shísān Kè

一 生字

乘	chéng	to ride
登	dēng	to ascend
续	xù	
李	lǐ	
托	tuō	to ask sb. to do sth.
牌	pái	plate
硬	yìng	hard, stiff
掏	tāo	to draw out, pull out
暗	àn	dark
扶	fú	to support oneself or sb. else with the hand
系	jì	to button up, tie, fasten
卡	qiǎ	clip
扳	bān	to change the direction of a fixed object
洒	sǎ	to spray, spill

二 字—词（词组）

登—机	登机	dēng jī	to board
登机—牌	登机牌	dēngjī pái	boarding card
手—续	手续	shǒuxù	procedure
行—李	行李	xíngli	luggage
托—运	托运	tuōyùn	to consign for shipment
硬—币	硬币	yìngbì	coin
扶—手	扶手	fúshǒu	armrest
卡—子	卡子	qiǎzi	clip

三 课文

北京首都国际机场

　　北京首都国际机场位于北京市的东北郊，距市中心20多公里，现共有三座航站楼——T1、T2和T3，其中T3航站楼于2004年开始建设，2008年2月29日使用。T3航站楼南北长2900米，宽790米，高45米，总建筑面积98.6万平方米，是目前世界上最大的单体航站楼。

　　T3航站楼分T3C、T3D和T3E三个区。其中T3C区用于国内、国际及香港、澳门、台湾地区乘机手续办理、

位于 wèiyú（动）
　to be located (in)
郊 jiāo（名）suburb
航站楼 hángzhànlóu（名）
　terminal (of the airport)

单体 dāntǐ（形）all-in-one

国内出发及国内国际行李提取，T3E区用于国际及香港、澳门等地区的出发和到达，而T3D区用于国际包机服务。

　　在T3航站楼办理乘机手续非常方便。需要办理海关申报手续的乘客可先到T3C四层大厅海关申报柜台办理，然后去各航空公司的柜台办理行李托运手续。不需要办理海关申报手续的乘客，可以直接去各航空公司的柜台办理登机手续。

　　T3航站楼的行李处理采用了世界上最先进的技术，乘客的行李从飞机到行李提取处，国内航班的平均时间为10分钟，国际航班的平均时间为20分钟，大大减少了乘客等候提取行李的时间。

　　T3航站楼还为乘客提供十分方便的商业服务。这里有银行、外币兑换处、宾馆服务处、商务中心、免税品商店，还有中西正餐、快餐、咖啡厅、茶馆等，可以满足不同国籍、不同地区乘客的多种需求。

　　北京首都国际机场已成为世界最大机场之一。

包机 bāojī（名）chartered plane

海关 hǎiguān（名）customs
申报 shēnbào（动）to declare, report
柜台 guìtái（名）counter

直接 zhíjiē（形）directly

处理 chǔlǐ（动）to handle
采用 cǎiyòng（动）to adopt
先进 xiānjìn（形）advanced

等候 děnghòu（动）to wait

免税 miǎn shuì（动）duty free

满足 mǎnzú（动）to satisfy

● 根据短文判断正误

(1) 从市中心到首都国际机场有 20 多公里。　　　　　　　(　)
(2) 北京首都国际机场共有 3 个航站楼。　　　　　　　　(　)
(3) 办理乘机手续应该在 T3C 区。　　　　　　　　　　　(　)
(4) 国内航班从 T3E 区出发。　　　　　　　　　　　　　(　)
(5) 所有乘客都可以直接去各航空公司的柜台办理登机手续。(　)
(6) 乘客可以在 T3 航站楼换钱、吃饭、购物，还可以在那儿
　　订宾馆。　　　　　　　　　　　　　　　　　　　　(　)

● 回答问题

北京首都国际机场是一座什么样的机场？

四 练习

① 快速找出与左边相同的词

行李：行车　行人　行军　行李
手续：手指　连续　手续　手表
起飞：起床　起义　起飞　起来
安全：完全　安定　齐全　安全
办理：助理　办理　代理　办事
开关：开发　开水　开关　无关

② 用下列汉字组词

硬 手 机 行 托 登 通 头 外 发 国 展 经 安 办

过 运 插 扶 全 票 理 带 开 法 李 关 续 币 牌

_____

_____

③ 在下面的空格中填上一个汉字，使其上下、左右各成为一个词（词组）

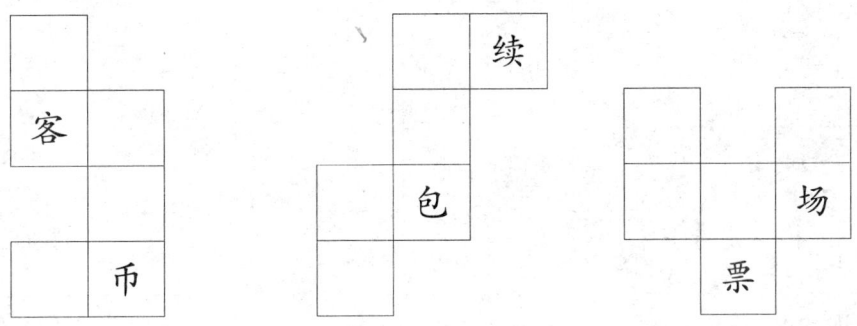

④ 选词填空

(1) 照相机的电池我_____在包里了，你拿出来_____上吧。

（放 / 装）

(2) 你的_____怎么这么重？里面是什么_____？

（东西 / 行李）

(3) 来，一边吃一边聊吧，菜都快_____了。　　（冷 / 凉）

(4) 这个房间窗户向北，白天屋里有点儿_____。　　（暗 / 黑）

(5) 对不起，我不_____把您的咖啡碰洒了。　　（小心 / 仔细）

(6) 学校一般在开学第一周办理入学_____。　　（工作 / 手续）

(7) 飞机就要_____了，请大家系好安全带。　　（起飞 / 出发）

(8) _____坐 CA931 航班的旅客请在 39 号登机口_____机。

（登 / 乘）

五 课外练习

1 描、写汉字

乘	10画 一二千千千乖 乖乖乘乘	乘	乘	乘			chéng ride
登	12画 フプダダ癶癶 癶癶登登登	登	登	登			dēng ascend
续	11画 纟续	续	续	续			xù
李	7画 木李	李	李	李			lǐ
托	6画 扌托	托	托	托			tuō ask sb. to do sth.
牌	12画 片牌	牌	牌	牌			pái plate
硬	12画 石硬	硬	硬	硬			yìng hard
掏	11画 扌扌扌扌扌 扚扚掏掏	掏	掏	掏			tāo draw out
暗	13画 日暗	暗	暗	暗			àn dark
扶	7画 扌扶	扶	扶	扶			fú support oneself or sb. else with the hand
系	7画 一幺系	系	系	系			jì tie
卡	5画 上十卡	卡	卡	卡			qiǎ clip
扳	7画 扌扳	扳	扳	扳			bān turn
洒	9画 氵洒	洒	洒	洒			sǎ spray

2 给下列汉字注音并组词

续____（   ）　掏____（   ）　硬____（   ）

读____（   ）　陶____（   ）　便____（   ）

扶____（   ）　　洒____（   ）　　李____（   ）

抚____（   ）　　酒____（   ）　　季____（   ）

③ 阅读短文

旅客登机程序

乘坐国际航班旅行的旅客登机程序如下：

1. 海关申报

旅客需要填写《中华人民共和国海关出境旅客行李物品申报单》，在《申报单》中选择"否"的旅客，可以选择"无申报通道"（绿色通道）；在《申报单》申报事项中选择"是"的旅客，应在《申报单》相关项目中详细填写所携物品的品名、数量、型号等内容，并选择"申报通道"（红色通道）通关。

2. 行李托运换登机牌

凭机票及本人有效护照、签证到相应值机柜台办理乘机和行李托运手续，领取登机牌。

3. 边防检查

外国旅客，请将有效护照、签证、出境登记卡交给边检工作人员；中国旅客（包括港澳台地区居民），请将有效护照、签证、登机牌交给边检工作人员。

4. 安全检查

请提前准备好登机牌、飞机票和有效身份证件，交给安全检查员查验，随身物品须经X光机检查。

5. 候机登机

经过安检以后，旅客可以按照登机牌上的登机口号到相应候机区休息候机。通常情况下，将在航班起飞前约 30 分钟开始登机，登机时需要出示登机牌。

◎ 回答问题

(1) 乘坐国际航班旅行要做哪些事情？
(2) 有要申报物品的旅客应该怎么做？
(3) 外国旅客和中国旅客在边防检查时有什么不一样？
(4) 什么时候要做安全检查？安检时旅客要做什么？

4 预习（查词典，给下列词语注音，并了解它们的意思）

腿	被	撞	伤	血	唉	淋
傻	罚	上街	要紧	骨头	故意	小偷
遇到	似的	首都	剧场	司机	机场	可气
算命	受骗	抽烟	戒烟	浪费		

Lesson 14

| 第十四课 | Dì-shísì Kè |

一 生字

腿	tuǐ	leg
街	jiē	street
被	bèi	used in a passive sentence to introduce the agent or doer
撞	zhuàng	to bump against
伤	shāng	wound, injury
血	xiě	blood
紧	jǐn	urgent, tense
骨	gǔ	bone
偷	tōu	to steal
遇	yù	to meet
淋	lín	to drench
似	shì	like
湿	shī	wet
首	shǒu	first, chief
命	mìng	life
傻	shǎ	foolish, stupid

受	shòu	to receive, suffer
骗	piàn	to cheat
烟	yān	smoke
罚	fá	to punish, penalize
戒	jiè	to stop, give up
浪	làng	
费	fèi	to consume too much

二 字—词（词组）

上—街	上街	shàng jiē	to go shopping
要—紧	要紧	yàojǐn	serious
骨—头	骨头	gǔtou	bone
小—偷	小偷	xiǎotōu	thief
遇—到	遇到	yùdào	to meet
似—的	……似的	…shìde	used after a noun, a pronoun, or a verb to indicate similarity
首—都	首都	shǒudū	capital
算—命	算命	suàn mìng	to tell sb.'s fortune
受—骗	受骗	shòupiàn	to be deceived
抽—烟	抽烟	chōu yān	to smoke
戒—烟	戒烟	jiè yān	to give up smoking
浪—费	浪费	làngfèi	to waste

三 课文

儿子帮爸爸戒烟

我有个朋友，抽烟有10多年了。为了戒烟，父母和弟弟妹妹没少做他工作，他也戒过几次，可是戒了又抽，抽了再戒，一直没有成功。

后来他找了个女朋友，女朋友反对他抽烟。没办法，他只好答应戒烟。可是，女朋友的爸爸也抽烟，这样，在女朋友家里，特别是跟未来的岳父在一起的时候，他就又开始抽了。

结婚后，妻子劝他，"戒烟吧，不然会影响我们未来的孩子的"。为了孩子，他又决定戒烟，但是还是没有成功。

儿子出生了，慢慢长大了。他对爸爸抽烟非常反感。有一次，儿子做错了一件事，爸爸批评了他。儿子说以后一定改。儿子问爸爸："爸爸，是不是做了不好的事都要改？"爸爸说："当然！"儿子又说："那抽烟是好事吗？"爸爸没有话说了。

成功 chénggōng（动） to succeed
反对 fǎnduì（动）to oppose

未来 wèilái（形） future
岳父 yuèfù（名）father-in-law（wife's father）
不然 bùrán（连）if not
影响 yǐngxiǎng（动） to influence, affect
决定 juédìng（动）to decide

反感 fǎngǎn（动） to be disgusted

有一段时间，儿子咳嗽得很厉害，当爸爸抽烟时，儿子对他说："爸爸，请您注意自己的身体，也别损害别人的健康。"过了几天，爸爸过生日，儿子送给爸爸一封信，说是生日礼物。爸爸很高兴，打开信一看，上面写着："爸爸，为了您和家人的健康，请戒烟吧。"儿子才6岁，字写得不怎么好看，可是爸爸知道，儿子是在努力想办法让他戒烟。爸爸说："好的，孩子。爸爸答应你和妈妈，从今天开始，爸爸戒烟。"儿子和妻子非常高兴。

从那天开始，他真的戒烟了。

段 duàn（量）
used to indicate time
损害 sǔnhài（动）
to damage, harm

◉ 根据短文判断正误

(1) 朋友的家人为了让他戒烟常常不工作。　　　　　　　　　（　　）
(2) 女朋友不让他抽烟，所以他戒烟了。　　　　　　　　　　（　　）
(3) 他的儿子很不喜欢他抽烟。　　　　　　　　　　　　　　（　　）
(4) 当儿子问他"抽烟是好事吗？"他不知道该怎么回答。　　（　　）
(5) 儿子虽然只有6岁，可是字写得很好看。　　　　　　　　（　　）
(6) 朋友感到，为了让自己戒烟，儿子一直在想办法。　　　　（　　）

◉ 回答问题

(1) 这件事告诉我们什么？
(2) 儿子是怎么帮爸爸戒烟的？

四 练习

1 快速找出与左边相同的词

上街：上班　上街　街上　大街
故意：愿意　特意　故意　故事
遇到：得到　遇见　迟到　遇到
剧场：机场　剧场　剧情　操场
浪费：消费　浪费　很贵　耗费

2 用下列汉字组词

抽　小　算　骨　首　遇　剧　戒　客　骗　机　要　可　浪

头　气　受　命　偷　烟　费　紧　飞　运　都　到　场　主

_____

_____

3 在下面的空格中填上一个汉字，使其上下、左右各成为一个词（词组）

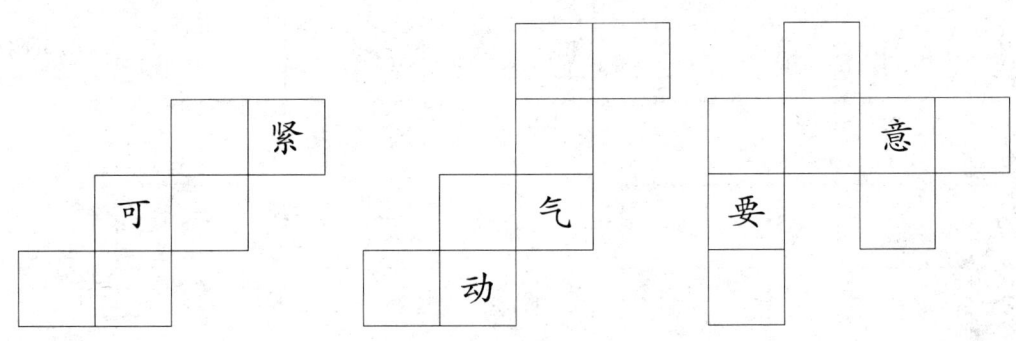

4 选词填空

(1) 刚才，一个老大爷_____撞倒了。　　　　　　　　（被 / 让）
(2) 我的手只是一点儿小伤，不_____。　　　　　（要紧 / 认真）
(3) 你看他这么爱玩儿，_____个孩子_____。　　　（像 / 似的）
(4) 真_____，我的笔又坏了，这是第五支了。（可气 / 运气）
(5) _____的时候一定要小心，因为_____车多人多。
　　　　　　　　　　　　　　　　　　　　　　　　（上街 / 街上）
(6) 我想让你_____一下我的同屋，他是一个非常好的朋友。
　　　　　　　　　　　　　　　　　　　　　　　　　（遇到 / 见）
(7) 我听说一个_____被_____了，真有意思。　（偷 / 小偷）
(8) 让你等了这么长时间，真_____。（没有意思 / 不好意思）

五　课外练习

1 描、写汉字

腿	13画	月 月⺆ 月ヲ 月ヲ 腿 腿 腿 腿	腿	腿	腿			tuǐ leg
街	12画	彳 徍 街	街	街	街			jiē street
被	10画	衤 衤 衤 衤 被	被	被	被			bèi used in a passive sentence to introduce the agent or doer
撞	15画	扌 扩 撞	撞	撞	撞			zhuàng bump against
伤	6画	亻 仵 伤	伤	伤	伤			shāng wound
血	6画	丿 血	血	血	血			xiě blood
紧	10画	丨 丩 収 紧	紧	紧	紧			jǐn urgent

骨	9画 丨 冂 冃 咼 骨	骨	骨	骨			gǔ bone
偷	11画 亻 偷	偷	偷	偷			tōu steal
遇	12画 丨 冂 日 日 早 吊 禺 禺 遇	遇	遇	遇			yù meet
淋	11画 氵 沐 淋	淋	淋	淋			lín drench
似	6画 亻 似	似	似	似			shì like
湿	12画 氵 沪 湿	湿	湿	湿			shī wet
首	9画 丷 䒑 首	首	首	首			shǒu first
命	8画 人 亼 合 合 命 命	命	命	命			mìng life
傻	13画 亻 亻' 亻" 佃 佃 傁 傻	傻	傻	傻			shǎ foolish
受	8画 爫 叉 受	受	受	受			shòu piàn be deceived
骗	12画 马 骗	骗	骗	骗			
烟	10画 火 烟	烟	烟	烟			yān smoke
罚	9画 罒 罚 罚	罚	罚	罚			fá punish
戒	7画 一 二 干 开 戒 戒 戒	戒	戒	戒			jiè give up
浪	10画 氵 浪	浪	浪	浪			làngfèi waste
费	9画 一 一 弓 弓 弗 费	费	费	费			

❷ 给下列汉字注音并组词

偷____（   ）　　烟____（   ）　　骗____（   ）

愉____（   ）　　姻____（   ）　　编____（   ）

戒____（　　　）　　被____（　　　）　　似____（　　　）

成____（　　　）　　玻____（　　　）　　拟____（　　　）

3 阅读短文

五日戒烟法

第一日：准备阶段

要充分认识吸烟的危害，要有戒烟的决心。尽可能不跟吸烟的人在一起。以水果或水果汁为主食，少吃肉、鱼、鸡等。不要喝咖啡，也不要喝酒。睡觉前散散步，比平时早一点儿上床休息。想吸烟的时候就做做深呼吸。

第二日：开始戒烟

睡醒后的第一件事就是对自己再次强调"我今天不抽烟"。在早餐前喝一大杯水并洗一个澡，保持头脑清醒。饮食仍以水果为主，不吃油炸和肉类食品，饭后不要在饭桌上闲坐。

第三日：应对症状

两天没有吸烟，可能有些人会有头痛、口干、咳嗽、心烦等不适应的表现。这时，一定要坚持住。可以做一些自己喜欢的运动。另外，洗洗热水澡，让自己放松放松。

第四日：对付"尼古丁"（nicotine）

烟中含有"尼古丁"，就是它让人吸烟上瘾。可以用饮料和茶水来淡化它，菊花茶或茉莉花茶都是很好的选择。同时要进行适当的锻炼，可以选择走路、骑自行车等方式，放松自己并增加能量消耗。非常想吸烟的时候，要及时进行深呼吸。

第五日：防止复吸

这时，最关键的是要为自己选择戒烟而感到骄傲，要有意识地远离吸烟人群。如果遇到有人让你吸烟，可以告诉他："我已经戒烟了，不会再吸，一口也不吸。"同时丰富自己的业余生活，多参加娱乐活动，看看电影，运动运动，等等。

怎么样，朋友？如果你想戒烟的话，那就按照上面说的试一试吧。只要你有决心、坚持，一定要坚持，你就能够把烟戒掉。

◎ 回答问题

(1) 你觉得戒烟的关键（guānjiàn, key）是什么？
(2) 什么东西让人吸烟上瘾？有什么办法减轻它的影响？

④ 预习（查词典，给下列词语注音，并了解它们的意思）

猜	约	排满	演出	演员	武打	动作
精彩	脸谱	表现	人物	社会	地位	性格
十分	有趣	服装	影响	传统	艺术	了解
的话	决定	肯定	上下班	担心	估计	开演
说明书	古代	神话	天上	仙女	羡慕	人间
偷偷	内容					

Lesson 15

第十五课　Dì-shíwǔ Kè

一　生字

猜	cāi	to guess
武	wǔ	connected with martial arts
脸	liǎn	face
谱	pǔ	genealogy, guide
性	xìng	nature, character
格	gé	character
传	chuán	to pass on, hand down
统	tǒng	
艺	yì	art
术	shù	skill
解	jiě	to understand, comprehend
决	jué	to decide
担	dān	to take on, undertake
肯	kěn	
估	gū	to estimate
计	jì	to calculate
羡	xiàn	to admire
慕	mù	to admire
内	nèi	inside

二 字—词

武—打	武打	wǔdǎ	acrobatic fighting
精—彩	精彩	jīngcǎi	wonderful
脸—谱	脸谱	liǎnpǔ	type of facial make-up in traditional Chinese operas
性—格	性格	xìnggé	character, temperament
传—统	传统	chuántǒng	tradition
艺—术	艺术	yìshù	art
了—解	了解	liǎojiě	to understand
决—定	决定	juédìng	to decide
担—心	担心	dān xīn	to worry
肯—定	肯定	kěndìng	to affirm, confirm; definitely
估—计	估计	gūjì	to estimate
影—响	影响	yǐngxiǎng	to influence, affect
羡—慕	羡慕	xiànmù	to admire
内—容	内容	nèiróng	content

三 课文

京剧脸谱

　　脸谱，是中国传统戏剧中在演员的脸上用各种色彩画上各种图案。戏剧中各种人物都有自己特定的脸谱，不同的脸谱表现人物的不同性格。

　　京剧脸谱和京剧表演艺术一样，是和演员的表演一起出现在戏剧舞台

戏剧 xìjù（名）drama, play
图案 tú'àn（名）pattern
特定 tèdìng（形）specific

舞台 wǔtái（名）stage

· 117 ·

上的活的艺术。在色彩上，京剧脸谱有红、紫、黑、白、蓝、绿、黄、金、银等颜色，这些不同的颜色表现人物的不同性格，例如，红色表示忠勇，黑色表示正直，白色表示奸诈，等等。

　　京剧脸谱作为一种艺术，不但和京剧表演联系在一起，而且还跟中国传统绘画有十分密切的联系。中国画很强调写意。在中国画中，人们常常可以看到，画家只用简单的几个线条就可表达很深的含义。这一点也表现在京剧脸谱中。京剧脸谱中，人物的眼睛、眉毛、鼻子等部位，用不同色彩和不同线条来画，可以把各种人物的不同性格表现得淋漓尽致。所以，看人物的脸谱，就可以知道这个人是好人还是坏人。

　　作为一种艺术，京剧脸谱不但出现在京剧舞台上，而且在绘画、服装、工艺品中人们都可以见到，还有用京剧脸谱做图案的邮票呢。

忠勇 zhōngyǒng（形）
　loyal and brave
正直 zhèngzhí（形）
　upright
奸诈 jiānzhà（形）
　fraudulent
联系 liánxì（动、名）
　to contact; contact
绘画 huìhuà（名）
　drawing, painting
密切 mìqiè（形）
　close, intimate
强调 qiángdiào（动）
　to emphasize
写意 xiěyì（名）
　freehand brushwork（in traditional Chinese painting）
简单 jiǎndān（形）simple
含义 hányì（名）
　meaning, implication
淋漓尽致 línlí jìnzhì
　vividly and incisively

◯ 根据短文判断正误

（1）在中国传统戏剧中，演员的脸上要画上一些图案。　　　　（　）
（2）脸谱是用来表现人物性格的。　　　　　　　　　　　　　（　）

(3) 一种颜色可以表现人物的几种性格。　　　　　（　）
(4) 剧中人物的眼睛、眉毛、鼻子等常用不同的线条勾画。（　）
(5) 剧中人物是好人还是坏人，看看他的脸谱就知道了。（　）
(6) 人们在服装上、在工艺品上也可以看到京剧脸谱。（　）

● 回答问题

(1) 京剧脸谱是做什么用的？
(2) 脸谱和中国画有什么共同的地方？

四　练习

1 快速找出与左边相同的词

　　艺术：技术　美术　艺人　艺术
　　性格：性别　性格　性情　性能
　　决定：决心　决议　决定　快要
　　估计：设计　共计　估价　估计
　　担心：担水　担心　担当　粗心
　　内容：内宾　内宅　内室　内容

2 用下列汉字组词

担 地 影 艺 武 性 服 有 脸 表 肯 内 古 传 精 决 动

神 彩 作 趣 谱 容 装 打 术 响 定 现 位 心 格 代 统

❸ 在下面的空格中填上一个汉字，使其上下、左右各成为一个词（词组）

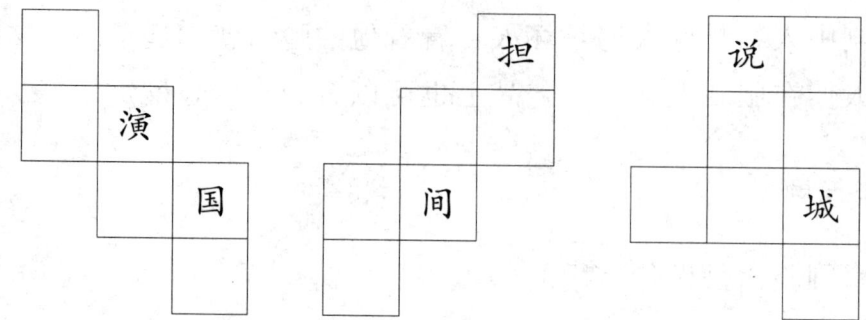

❹ 选词填空

(1) 你_____王老师有多大年纪了？ （猜／想）

(2) 他_____我找不到那个地方，就给我画了一张图。

（担心／着急）

(3) 今天的_____真不错，演员们唱得好，_____得也好。

（演出／演）

(4) 我_____他，可是不太_____他。 （了解／认识）

(5) _____只有对剧中_____的性格十分了解，才能演好。

（人物／演员）

(6) 安娜常常去_____店买_____。 （服装／衣服）

(7) 我敢_____这件事_____是你错了。 （一定／肯定）

(8) 京剧脸谱能_____人物的性格和社会地位。（表现／表演）

五 课外练习

❶ 描、写汉字

| 猜 | 11画 犭 猜 | 猜 猜 猜 | | | | cāi guess |
| 武 | 8画 一 二 三 丁 示 示 武 武 | 武 武 武 | | | | wǔ connected with martial art |

脸	11画 月脸	脸	脸	脸			liǎnpǔ type of facial make-up in traditional Chinese Operas
谱	14画 讠讠讠讠讠讠谱谱	谱	谱	谱			
性	8画 忄性	性	性	性			xìnggé temperament
格	10画 木格	格	格	格			
传	6画 亻仁仁传传	传	传	传			chuántǒng tradition
统	9画 纟纟纩纩纩统	统	统	统			
艺	4画 艹艺	艺	艺	艺			yìshù art
术	5画 木术	术	术	术			
解	13画 角觗解	解	解	解			jiě understand
决	6画 冫决	决	决	决			jué decide
担	8画 扌担	担	担	担			dān undertake
肯	8画 止肯	肯	肯	肯			kěn agree
估	7画 亻估	估	估	估			gūjì estimate
计	4画 讠计	计	计	计			
羡	12画 羊羡	羡	羡	羡			xiànmù admire
慕	14画 艹苩莫慕慕慕慕	慕	慕	慕			
内	4画 冂内	内	内	内			nèi inside

2 给下列汉字注音并组词

术____（　　）　脸____（　　）　猜____（　　）

木____（　　）　验____（　　）　精____（　　）

决____（　　）　　传____（　　）　　担____（　　）

块____（　　）　　转____（　　）　　但____（　　）

幕____（　　）

幕____（　　）

3 阅读短文

中国的地方戏

在中国，除了在全国流行的剧种（如京剧）以外，有些地方还有自己的地方戏，如川剧、越剧、沪剧、豫剧、藏剧等。地方戏一般都带有地方色彩，大多反映当地人民的生活、习俗等。地方戏不仅只在某个地方流行，有些地方戏在其他地方也有很多观众。地方戏中有不少传统剧目，如越剧《红楼梦》、豫剧《花木兰》、藏剧《文成公主》等，都很有名。

看地方戏要懂地方话，也就是方言。因为表演地方戏时，演员多说方言，比如川剧演员说四川话，沪剧演员说上海话，豫剧演员说河南话，等等。这对那些不懂方言的听众来说，听懂比较困难。不过，人们还是能够通过对剧情的了解及演员们的表演看懂它。

● 回答问题

（1）什么是地方戏？

（2）如果不懂上海话，能看懂沪剧吗？为什么？

4 预习（查词典，给下列词语注音，并了解它们的意思）

背（台词）	无	缆车	喘气	到底	胜利	加油
出汗	接着	危险	积极	相声	台词	话剧
排练	受伤	纠正	世上	自信	相信	争取
恐怕						

Lesson 16

| 第十六课 | Dì-shíliù Kè |

一 生字

缆	lǎn	cable
喘	chuǎn	to pant
底	dǐ	bottom
胜	shèng	victory
汗	hàn	sweat
危	wēi	danger
险	xiǎn	dangerous
背	bèi	to recite from memory
纠	jiū	to correct
无	wú	not have; without
争	zhēng	to strive
恐	kǒng	to fear
怕	pà	to fear, be afraid of

二 字—词(词组)

| 缆—车 | 缆车 | lǎnchē | cable car |
| 喘—气 | 喘气 | chuǎn qì | to breathe deeply |

到—底	到底	dàodǐ	(used in a question for emphasis)
胜—利	胜利	shènglì	victory
出—汗	出汗	chū hàn	to sweat
危—险	危险	wēixiǎn	dangerous
纠—正	纠正	jiūzhèng	to correct
自—信	自信	zìxìn	self-confident
相—信	相信	xiāngxìn	to believe
争—取	争取	zhēngqǔ	to strive for
恐—怕	恐怕	kǒngpà	to fear, be afraid of

三 课文

争先恐后

"争先恐后"是一个成语。这个成语是怎么来的呢？

中国古时候，有一个名叫王良的赶车人，他车赶得很好。有一天，一个姓赵的王子请王良教他赶车。王良同意了，他教得很认真，赵王子学得也很认真。赵王子很快就学会了赶车，他想跟王良比赛一下，看看谁的马车跑得快。他们一共赛了三次，赵王子换了三次马，结果都输了。

赵王子非常不高兴，他对王良说："你教我赶车，可是没把本领都教给我。"

赶(车) gǎn(chē)（动）
　to drive a cart
王子 wángzǐ（名）prince
同意 tóngyì（动）to agree

本领 běnlǐng（名）skill

王良说:"我的本领都交给您了,可是您没有好好儿地用。赶车的时候,重要的是让马和车配合好。应该把注意力放在马上,不能放在比赛的对手上。这样才能让马跑得快,跑得远。可是,您跟我比赛,落在我后边的时候,怕赶不上我。跑在我前边的时候,又担心被我追上。是不是这样?比赛一定会有输有赢,不是你在前边,就是我在前边。您只注意我了,而没有注意您的马,所以您三次都落在我后边。"赵王子听了王良说的话,觉得他说的对。

"争先恐后"就是从这个故事来的。人们用它表示争着在前,恐怕落后。

配合 pèihé(动)
to cooperate
注意力 zhùyìlì(名)
attention
对手 duìshǒu(名)
opponent

落 là(动) to fall behind

落后 luòhòu(动)
to fall behind

● 根据短文判断正误

(1) 王良是一个赶车人。　　　　　　　　　　　　　　(　)
(2) 赵王子跟王良比赛赶马车输了。　　　　　　　　　(　)
(3) 王良没有把赶车的本领都交给赵王子。　　　　　　(　)
(4) 比赛时,赵王子的注意力不在马上。　　　　　　　(　)
(5) "争先恐后"的意思是争着在别人前面,恐怕落在后面。(　)

● 回答问题

(1) 你觉得为什么赵王子三次比赛都输了?
(2) "争先恐后"这个成语故事说明了什么?

四 练习

1 快速找出与左边相同的词

积极：积木　初级　积存　积极
纠正：改正　纯正　纠正　红土
争取：采取　争取　夺取　免职
相信：自信　相似　相信　相传
危险：危害　冒险　危难　危险

2 用下列汉字组词

争　纠　积　恐　站　胜　然　气　相　台　缆　由

喘　极　正　取　利　温　词　怕　信　声　车　自

3 在下面的空格中填上一个汉字，使其上下、左右各成为一个词（词组）

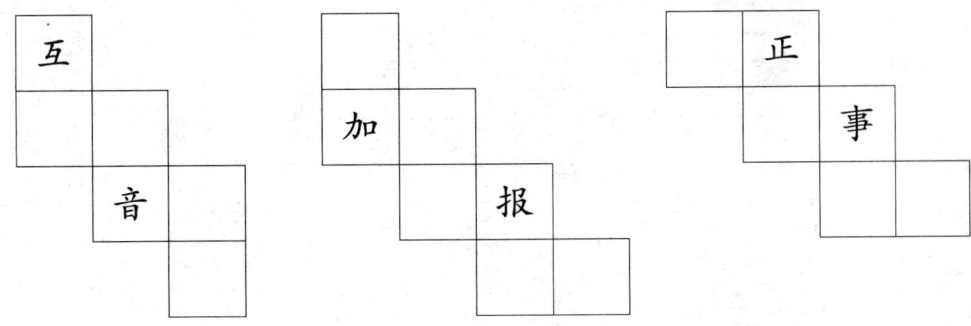

④ 选词填空

(1) 加油，朋友们！坚持_____，就是胜利。　　（到底 / 最后）

(2) 大家是_____你的，你也一定要有_____。（自信 / 相信）

(3) 看你，怎么弄了一_____土？快洗洗吧。　　（身 / 身体）

(4) 这点儿小事不用_____，我们大家帮助你。　（恐怕 / 怕）

(5) 昨天的汉语节目_____大家_____得都很好。（演 / 表演）

(6) 安娜念完第一段课文，玛丽_____念第二段。

（接着 / 然后）

(7) 要是大家请你表演_____节目，我想你就唱那_____刚学的中国歌吧。　　　　　　　　　　　　　　　　（个 / 首）

(8) 爬山时一定要注意_____，有些_____的地方就不要爬了。　　　　　　　　　　　　　　　　　　　　（安全 / 危险）

五 课外练习

① 描、写汉字

缆	12画 纟 缆	缆 缆 缆	lǎn cable
喘	12画 口 喘 喘	喘 喘 喘	chuǎn pant
底	8画 广 广 广 庐 庐 底 底	底 底 底	dǐ bottom
胜	9画 月 胜	胜 胜 胜	shèng victory
汗	6画 氵 汗	汗 汗 汗	hàn sweat
危	6画 ⺈ 卢 卢 产 危 危	危 危 危	wēixiǎn dangerous
险	9画 阝 险	险 险 险	

背	9画 丬 背	背	背	背					bèi recite
纠	5画 纟 纠	纠	纠	纠					jiū correct
无	4画 二 于 无	无	无	无					wú without
争	6画 ⺈ 夕 乌 争 争	争	争	争					zhēng strive
恐	10画 工 巩 巩 恐	恐	恐	恐					kǒngpà be afraid of
怕	8画 忄 怕	怕	怕	怕					

2 给下列汉字注音并组词

缆____(　　)　　无____(　　)　　背____(　　)
揽____(　　)　　天____(　　)　　肯____(　　)

喘____(　　)　　纠____(　　)　　怕____(　　)
端____(　　)　　叫____(　　)　　伯____(　　)

胜____(　　)
性____(　　)

3 阅读短文

相　声

相声是中国人民喜闻乐见的一种艺术形式，是语言和表演艺术。

说相声是语言艺术，是因为从话语结构上看，它一般是对话形式。表演时，一方是叙述者，另一方做辅助叙述的工作。表演的双方在舞台上你一句我一句，不断向观众传递信息。观众从接收到的信息中得到娱乐或受到教育，同时获得艺术的享受。有人说相声是引人发笑的艺术，这话确实不假。

相声是表演艺术，它通过说、学、逗、唱等手段，引人发笑。在相声表演中，有时一个演员向另一个演员提问，有时演员还向观众提问，这大大加强了演员与观众的联系与交流。观众一般不直接与演员对话，但是他们可以通过笑声表达自己的观点和态度。

在相声的表演和欣赏过程中，演员与观众的交流是双向的，而且是十分密切的。这一特点跟它特有的艺术形式——对话的形式是分不开的。这种形式满足了广大观众的参与意识，也因此产生了独特的艺术魅力。相声与观众结成了"无话不谈"的朋友。

● 回答问题

(1) 什么是相声？

(2) 为什么说相声是语言艺术？

(3) 在相声表演和欣赏过程中，演员和观众是怎样进行交流的？为什么会这样？

④ 预习（查词典，给下列词语注音，并了解它们的意思）

| 熟 | 呆 | 签 | 搞 | 光 | 抽 | 突然 |

| 一下子 | 国际 | 广播 | 电台 | 邀请 | 合同 | 中外 |

| 合资 | 空儿 | 地址 | 业务 | 交流 | 成立 | 不久 |

| 开展 | 继续 | 一定 | 基础 | 只有……才…… | | 同意 |

Lesson 17

| 第十七课 | Dì-shíqī Kè |

一 生字

突	tū	suddenly
际	jì	between, among, inter-
播	bō	to broadcast
邀	yāo	to invite
呆	dāi	to stay
址	zhǐ	address
搞	gǎo	to do
立	lì	to establish, found, stand
继	jì	to continue, succeed, follow
基	jī	basic, primary
础	chǔ	foundation

二 字—词

突—然	突然	tūrán	suddenly
国—际	国际	guójì	international
广—播	广播	guǎngbō	to broadcast
邀—请	邀请	yāoqǐng	to invite

· 131 ·

地—址	地址	dìzhǐ	address
成—立	成立	chénglì	to establish
继—续	继续	jìxù	to continue
基—础	基础	jīchǔ	basis, foundation

三 课文

中国国际广播电台

中国国际广播电台是中国向全世界广播的国家广播电台，它的英文名字是 China Radio International（CRI）。中国国际广播电台成立于1941年。现在它每天用英、法、阿、日、俄、西班牙等38种外语和汉语普通话及4种方言向全世界广播，每天的播出时间共计1100多个小时。它的网站"国际在线"有43种文字、48种语言音频节目，是中国语种最多的网站。中国国际广播电台已经成为世界上有较大影响的国际广播电台之一。

中国国际广播电台播出的节目十分丰富，除了新闻节目以外，还有音乐、汉语教学、中国文化介绍等各种节目。此外，它还经常举办由听众参加的各种知识性、娱乐性的活动。它

方言 fāngyán（名）dialect

共计 gòngjì（动）amount to

音频 yīnpín（名） audio frequency

听众 tīngzhòng（名） audience

知识 zhīshi（名）knowledge

娱乐 yúlè（名） entertainment

已经成为世界人民认识中国、了解中国的一个窗口。通过它，世界各地的听众可以了解中国各方面的情况，可以欣赏中国的民族音乐，可以学习汉语，还可以了解中国的历史、现状以及中华文化。

中国国际广播电台在国内外有大量的听众，每年它都能收到来自世界180多个国家和地区的几百万封听众来信和电子邮件。听众们称赞中国国际广播电台是"中国的空中大使"，是中外人民之间的"友谊桥梁"。

窗口 chuāngkǒu（名）window

欣赏 xīnshǎng（动）to enjoy, to appreciate

现状 xiànzhuàng（名）present situation

来自 láizì（动）come from

称赞 chēngzàn（动）to praise

桥梁 qiáoliáng（名）bridge

○ 根据短文判断正误

（1）中国国际广播电台只向国外广播。（　　）
（2）中国国际广播电台除了用汉语普通话以外，还用方言及外语广播。（　　）
（3）中国国际广播电台有汉语教学节目。（　　）
（4）听众们常常举办一些娱乐活动。（　　）
（5）听众们常常给中国国际广播电台写信。（　　）

○ 回答问题

（1）请你简单介绍一下中国国际广播电台。
（2）你喜不喜欢中国国际广播电台的节目？为什么？

四 练习

1 快速找出与左边相同的词

业务： 业余　任务　公务　业务
开展： 开发　开展　发展　并存
国际： 国防　星际　国际　团队
成立： 成人　自立　成立　成交
继续： 接续　继续　断绝　精读
邀请： 激情　提请　邀请　热情
同意： 用意　同义　同意　同事

2 用下列汉字组词

基　突　成　继　际　广　业　址　邀　合　交　意　资　手　家

流　愿　请　务　同　续　播　立　见　础　然　地　料　功　国

_____

_____

3 在下面的空格中填上一个汉字，使其上下、左右各成为一个词（词组）

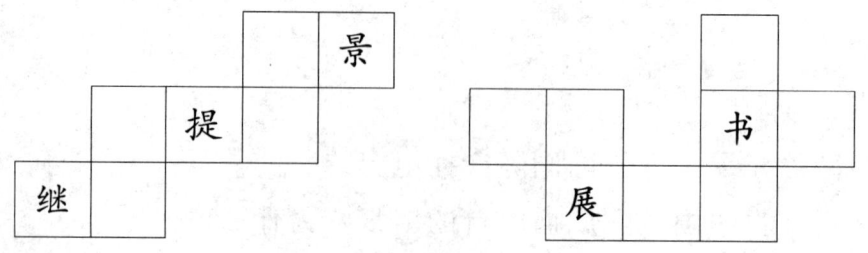

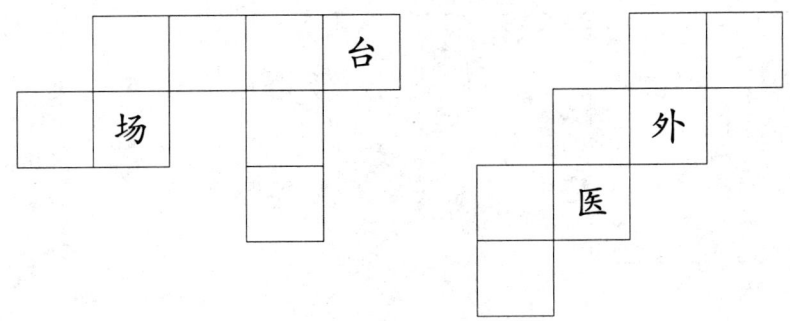

4 选词填空

(1) 王力刚到一家新公司，没有经验，业务_____得不太好。 （开展 / 开始）

(2) 你不常来我这儿，再_____一会儿吧。 （住 / 呆）

(3) 我有一个_____艺术的朋友，想不想认识一下？ （做 / 搞）

(4) 来北京后_____，他就认识了一个中国女孩儿。 （刚才 / 不久）

(5) 他们公司_____时，业务大楼还没_____好。 （建 / 成立）

(6) 她是我们学校新_____来的"外教"。 （邀请 / 请）

(7) 很多球迷都在请他_____名。 （写 / 签）

(8) 这儿的情况他很_____，你就放心吧。 （知道 / 熟）

五 课外练习

1 描、写汉字

突	9画	宀 突 突	突	突	突	tū suddenly
际	7画	阝 际	际	际	际	jì between
播	15画	扌 播	播	播	播	bō broadcast
邀	16画	白 身 敫 邀	邀	邀	邀	yāo invite

呆	7画 口呆	呆	呆	呆						dāi stay
址	7画 土址	址	址	址						zhǐ address
搞	13画 扌搞	搞	搞	搞						gǎo do
立	5画 亠䇂立	立	立	立						lì establish
继	10画 纟继继	继	继	继						jì continue
基	11画 一十十廿甘其基	基	基	基						jīchǔ basis
础	10画 石础	础	础	础						

② 给下列汉字注音并组词

址____（　　）　继____（　　）　待____（　　）

证____（　　）　断____（　　）　等____（　　）

邀____（　　）　际____（　　）　搞____（　　）

激____（　　）　院____（　　）　稿____（　　）

③ 阅读短文

中央人民广播电台

中央人民广播电台是中华人民共和国国家电台，英文名是 China National Radio（CNR）。它成立于1940年，当时叫"延安新华广播电台"。1949年正式定名为中央人民广播电台。

中央人民广播电台现在共有"中国之声""经济之声""音乐之声""都市之声""中华之声""神州之声""华夏双语""民族之声""文艺之声""老年之声"等10套节目，覆盖全国，每天播音200多个小时。这10套节目各有特色，如："中国之声"以综合新闻信息节目为主；"经济之声"主要内容为财经资讯；"音乐之声"面向15~45岁的年轻听众播放流行音乐；"都市之声"

的内容大都与都市人生活密切相关；"神州之声""华夏双语"和"民族之声"主要是对港、澳、台地区和少数民族地区的广播；"文艺之声"主要播出语言类文艺节目；"老年之声"是老年人的精神文化家园。它的网站"中国广播网"是全国最大的音频网站，并拥有网络电台"银河台"。

中央人民广播电台有不少听众喜欢的节目，比如"新闻和报纸摘要""新闻纵横""体育天地""新鲜早世界""天下财经""中国经济报道""名家书场""戏曲舞台"等。

中央人民广播电台有大量的听众，它已经成为中国最重要的、最具有影响力的大众传媒之一。

● 根据短文判断正误

(1) 中央人民广播电台有60多年历史了。　　　　　　　(　　)
(2) 中央人民广播电台成立的时候就用这个名字。　　　(　　)
(3) 中央人民广播电台的节目向全国播送。　　　　　　(　　)
(4) 中央人民广播电台的节目很多，听众很喜欢听。　　(　　)

4 预习（查词典，给下列词语注音，并了解它们的意思）

| 饿 | 渴 | 船 | 峡 | 甲 | 好吃 | 辣子鸡丁 |

| 糖醋鱼 | 放假 | 寒假 | 外地 | 零下 | 冰灯 | 冰雕 |

| 开玩笑 | 计划 | 兵马俑 | 游览 | 天堂 | 山水 | 天下 |

| 少数民族 | 风俗 | 路线 | 考察 | 公费 |

Lesson 18

第十八课　Dì-shíbā Kè

一　生字

饿	è	hungry
渴	kě	thirsty
辣	là	hot
丁	dīng	cube
醋	cù	vinegar
寒	hán	cold
雕	diāo	to carve
划	huà	to plan
兵	bīng	soldier
俑	yǒng	tomb figure, figurine
船	chuán	boat, ship
峡	xiá	gorge
甲	jiǎ	first
族	zú	nationality
俗	sú	custom, convention
线	xiàn	line
察	chá	to examine, observe

二 字—词(词组)

辣子—鸡丁	辣子鸡丁	làzi jīdīng	chicken dices with chilli
糖醋—鱼	糖醋鱼	tángcùyú	fish in sweet and sour sauce
寒—假	寒假	hánjià	winter vacation
冰—雕	冰雕	bīngdiāo	ice sculpture
计—划	计划	jìhuà	to plan
兵马—俑	兵马俑	bīngmǎyǒng	terracotta warriors
长江—三峡	长江三峡	Cháng Jiāng Sānxiá	the Three Gorges on the Yangtze River
民—族	民族	mínzú	nationality
少数—民族	少数民族	shǎoshù mínzú	ethnic minority
风—俗	风俗	fēngsú	social custom
路—线	路线	lùxiàn	route
考—察	考察	kǎochá	to observe and study

三 课文

哈尔滨冰灯

哈尔滨是中国东北一座美丽的大城市,被人们称做"冰城"。这里每年冬天都要举办冰雪节。每到这个时候,冰雕艺术家们都会把他们丰富的想象力表现在一座座生动有趣的冰雕作品中。在这里,人们能看到"长城"

想象力 xiǎngxiànglì (名) imagination
生动 shēngdòng (形) vivid

"故宫""天坛",还能找到"桂林山水""苏州园林""版纳风光"。一盏盏冰灯,组成了一个七彩的世界。一座座冰雕,展现出了一片晶莹的艺术天地。

哈尔滨人喜爱冰雪,他们把冰雪看做是大自然给他们的礼物,也是展现自己才华的材料。参加冰雕制作的,有艺术家,也有不少青年学生。在他们的手中,又硬又冷的冰雪好像有了生气,有了灵性。一座座冰雕表达了创作者的心声和情感,也美化了冰城人的生活。

冰灯、冰雕已经成为冰城人特有的艺术表现形式。傍晚,当你走在这座城市的大街上,你会看到一座座冰灯和冰雕在雪中发出多彩、温暖的灯光,你会感到冬天的冰城是那么美丽。

盏 zhǎn(量)
　a measure word for lamps
展现 zhǎnxiàn(动)
　to show, to emerge
晶莹 jīngyíng(形)
　sparkling and crystal-clear
天地 tiāndì(名) world
才华 cáihuá(名) talent
材料 cáiliào(名) material

生气 shēngqì(名)
　life, vitality
灵性 língxìng(名)
　intelligence
心声 xīnshēng(名)
　innermost thoughts and feelings
情感 qínggǎn(名)
　feeling, emotion
美化 měihuà(动)
　to beautify

◉ 根据短文判断正误

(1) 在哈尔滨，每年都要举办一次冰雪节。（　）
(2) 每年参加冰雕比赛的人都很多。（　）
(3) 七种颜色的冰灯组成了一个世界。（　）
(4) 冰雪是大自然送给哈尔滨的礼物。（　）
(5) 冰雕创作者把自己想的、要说的都表现在了他们的作品中。
　　　　　　　　　　　　　　　　　　　　　　　　（　）
(6) 很多人知道哈尔滨，是因为她的冰灯和冰雕。（　）

◉ 回答问题

哈尔滨为什么被人们叫做"冰城"？

四 练习

1 快速找出与左边相同的词

考察：警察　考试　考查　考察
计划：计时　计价　计划　规划
民族：家族　民歌　民族　民俗
路线：视线　路线　短浅　路程
好吃：好听　好吃　好喝　吃好
游览：阅览　游客　游览　游泳

2 用下列汉字组词

路　民　计　零　公　风　冰　少　考　寒　放　游

雕　假　数　俗　览　察　划　下　线　族　费　灯

3 在下面的空格中填上一个汉字，使其上下、左右各成为一个词（词组）

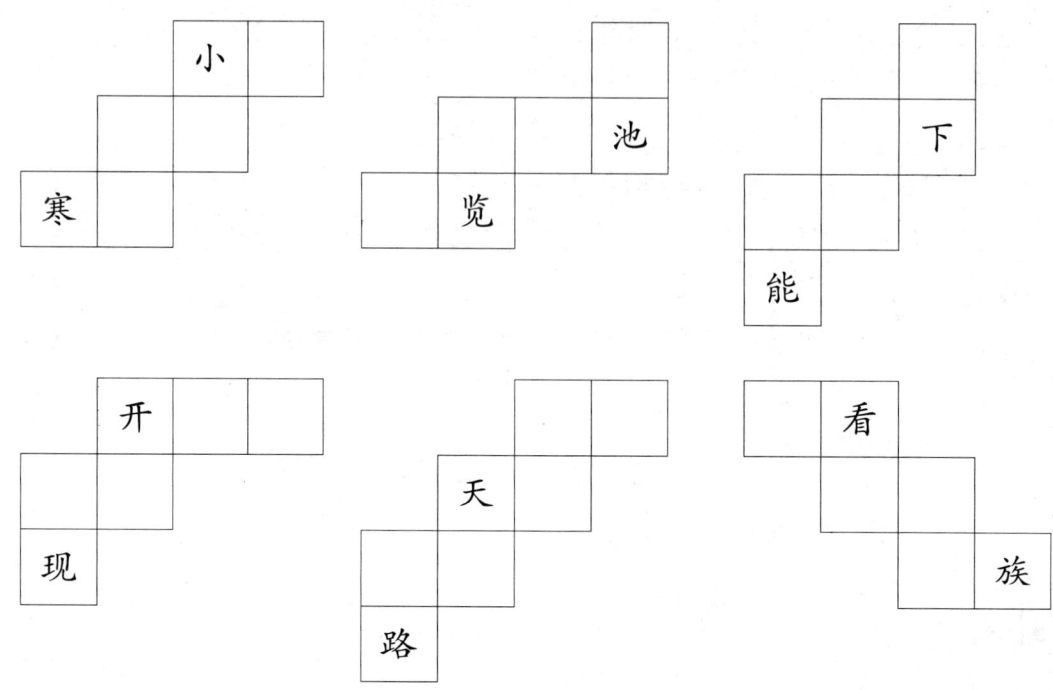

4 选词填空

(1) 下周我要去南方_____，回来后再去_____身体吧。

(检查 / 考察)

(2) 这次的_____路线是西安、桂林，我要好好儿_____一下两地的山水。

(旅行 / 游览)

(3) 中国共有56个_____，其中汉_____人口最多。

(族 / 民族)

(4) 今年的_____有1个月，我想_____后回国看看。

(放假 / 寒假)

(5) 我_____先去上海，再去杭州、苏州。这个_____怎么样？

(想 / 计划)

(6) 各地有各地的_____，每个人有每个人的_____。

(习惯 / 风俗)

五 课外练习

1 描、写汉字

饿	10画 亻 饿	饿	饿	饿			è hungry
渴	12画 氵 渴	渴	渴	渴			kě thirsty
辣	14画 立 立 辛 辣	辣	辣	辣			là hot
丁	2画 一 丁	丁	丁	丁			dīng cube
醋	15画 酉 醋	醋	醋	醋			cù vinegar
寒	12画 宀 宁 宁 审 宙 寒 寒	寒	寒	寒			hán cold
雕	16画 周 雕	雕	雕	雕			diāo carve
划	6画 一 七 戈 戈 划	划	划	划			huà plan
兵	7画 丘 兵	兵	兵	兵			bīng soldier
俑	9画 亻 亻 俑	俑	俑	俑			yǒng figurine
船	11画 舟 舢 船	船	船	船			chuán boat
峡	9画 山 屮 屺 峡 峡	峡	峡	峡			xiá gorge
甲	5画 曰 甲	甲	甲	甲			jiǎ first
族	11画 方 㫃 族	族	族	族			zú nationality
俗	9画 亻 伫 伀 俗	俗	俗	俗			sú custom
线	8画 纟 线	线	线	线			xiàn line
察	14画 宀 灾 究 察	察	察	察			chá examine

2 给下列汉字注音并组词

渴____（   ）　　兵____（   ）　　甲____（   ）
喝____（   ）　　乒____（   ）　　由____（   ）

族____（   ）　　线____（   ）　　俑____（   ）
旅____（   ）　　钱____（   ）　　佣____（   ）

寒____（   ）
赛____（   ）

3 阅读短文

秦始皇陵兵马俑

秦始皇是第一个统一中国的皇帝。他的陵墓位于西安市城东30公里处。

1974年春天，当地的农民在秦始皇陵东面1.5公里的地方打井时发现了一些与真人真马一样大小的兵马俑。开始时，人们并不知道这些兵马俑是什么时候做的，也不知道是为什么人做的。后来经过考古专家的研究，最后确认这些兵马俑是秦始皇陵的陪葬物。从此，这些埋藏在地下两千多年的珍贵文物被挖掘出来，并且建成了秦始皇陵兵马俑博物馆。

博物馆由一号坑、二号坑、三号坑和兵马俑坑组成。这里展出的陶武士俑和兵马俑共有8000多个。它们都与真人大小差不多，排着整齐的队伍，身穿不同服装，手拿各种兵器，气势十分壮观。

秦始皇陵兵马俑被称为"世界第八大奇迹"，1987年被联合国教科文组织批准列入《世界遗产名录》。

● 回答问题

　　(1) 秦始皇陵兵马俑是怎么被发现的？
　　(2) 秦始皇陵兵马俑是什么样子的？

④ 预习（查词典，给下列词语注音，并了解它们的意思）

敢　　　滚　　　抱　　　脚　　　伸　　　弯　　　腰
___　　___　　___　　___　　___　　___　　___

松　　　竹　　　梅　　　困难　　警察　　到处　　感动
___　　___　　___　　___　　___　　___　　___

十字路口　　夫妻　　看样子　　农村　　来往　　立即　　情景
___　　　　___　　___　　　　___　　___　　___　　___

发生　　鞋带　　面前　　叔叔　　画家　　叫做　　字画
___　　___　　___　　___　　___　　___　　___

岁寒三友　　过奖
___　　　　___

Lesson 19

| 第十九课 | Dì-shíjiǔ Kè |

一 生字

警	jǐng	police
农	nóng	agriculture
村	cūn	village
敢	gǎn	dare
即	jí	promptly
景	jǐng	scenery
滚	gǔn	to roll
抱	bào	to hold or carry in one's arms
鞋	xié	shoe
脚	jiǎo	foot
伸	shēn	to stretch, expand
叔	shū	uncle
弯	wān	to bend
腰	yāo	waist
梅	méi	plum
图	tú	picture
松	sōng	pine

| 竹 | zhú | bamboo |
| 奖 | jiǎng | award |

二 字—词（词组）

警—察	警察	jǐngchá	policeman
农—村	农村	nóngcūn	countryside
立—即	立即	lìjí	at once, immediately
情—景	情景	qíngjǐng	scene, sight
鞋—带	鞋带	xiédài	shoelace
叔—叔	叔叔	shūshu	uncle
弯—腰	弯腰	wān yāo	to bend down
过—奖	过奖	guòjiǎng	to flatter

三 课文

松 竹 梅

　　松、竹、梅一直被人们称为"岁寒三友"，很受中国人民的喜爱。

　　松树是一种常青树，一年四季都是绿色的。它不怕寒冷，有强大的生命力。中国人常把松树作为健康长寿的象征。松树可以美化环境，而且还有很高的经济价值和药用价值。

　　竹子是一种独特的植物，它不是草也不是树，四季常绿，不怕寒冷。

称为 chēngwéi（动）
　to be called
喜爱 xǐ'ài（动）
　to like, be fond of
青 qīng（形）green

象征 xiàngzhēng（动）
　to symbolize
价值 jiàzhí（名）value
植物 zhíwù（名）plant

竹子种类很多，用途非常广泛，可以造船、盖房、做家具，还可以做乐器和工艺品。竹笋可以吃，竹根、竹叶可以做药。可以说，竹子一身都是宝。

梅花是中国传统名花之一，梅花种类很多，花色有红、白、绿等多种。在寒冷的冬天里，梅花不怕寒冷，一花独放，给大地带来了生机。人们常把梅花作为高洁、坚强、美好的象征。

由于松树和竹子一年四季常青，冬天也是绿的，而梅花又在冬季开花，所以人们常常把它们称为"岁寒三友"。古今有很多名人写诗作画，称赞它们。

用途 yòngtú（名）usage
广泛 guǎngfàn（形）wide, extensive
竹笋 zhúsǔn（名）bamboo shoots
根 gēn（名）root
宝 bǎo（名）treasure

独 dú（形）alone
生机 shēngjī（名）life, vitality
高洁 gāojié（形）noble and unsullied
坚强 jiānqiáng（形）firm, strong

● 根据短文判断正误

(1) 中国人很喜欢松竹梅。　　　　　　　　　　（　）
(2) 松竹梅这三种植物都不怕寒冷。　　　　　　（　）
(3) 竹是一种很特别的树。　　　　　　　　　　（　）
(4) 有用竹子做的乐器。　　　　　　　　　　　（　）
(5) 梅花的颜色只有三种。　　　　　　　　　　（　）
(6) 在中国，有很多赞美松竹梅的诗和画儿。　　（　）

● 回答问题

(1) 松竹梅为什么被称为"岁寒三友"？
(2) 你喜欢松竹梅吗？为什么？

四 练习

1 快速找出与左边相同的词

农村： 农场　乡村　农村　农机
来往： 来临　来信　来往　交往
立即： 立刻　立时　当即　立即
情景： 情况　背景　情景　情境
发生： 发展　发生　产生　发出
画家： 字画　画室　国家　画家

2 用下列汉字组词

立　察　弯　农　困　发　鞋　做　往　情　动　字　成　背　过

来　带　生　难　画　警　即　感　家　奖　叫　腰　村　景　课

_____

_____

3 在下面的空格中填上一个汉字，使其上下、左右各成为一个词（词组）

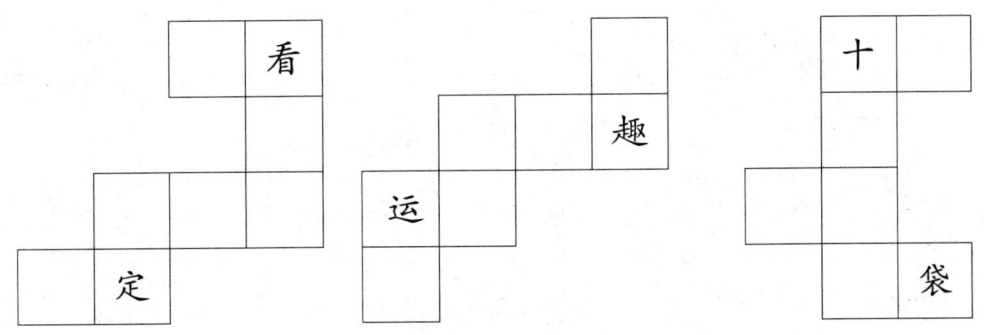

④ 选词填空

(1) 这是您的票，请_____好。　　　　　　　　　　（拿 / 取）

(2) _____就要开车了，下边的人快上来吧。　　　（立即 / 马上）

(3) 这儿的_____不错，又干净又安静。　　　　　（情景 / 环境）

(4) 这条路每天_____车辆很多。　　　　　　　　（来去 / 来往）

(5) 谁有了_____，他都热心帮助。　　　　　　　（难 / 困难）

(6) 孩子高高兴兴地跑到妈妈_____，一下子抱住了妈妈。

　　　　　　　　　　　　　　　　　　　　　　　（面前 / 前面）

(7) _____小孩儿的大姐，您坐这儿吧。　　　　　（报 / 抱）

(8) 这个公园挺大的，_____我觉得没什么_____看的，我们回去吧。　　　　　　　　　　　　　　　　　　　　（可 / 可是）

五 课外练习

① 描、写汉字

警	19画	艹 苟 敬 警	警	警	警				jǐng police
农	6画	一 冖 亢 农 农	农	农	农				nóngcūn countryside
村	7画	木 村	村	村	村				
敢	11画	丆 耳 敢	敢	敢	敢				gǎn dare
即	7画	丆 彐 彐 艮 艮 即	即	即	即				jí promptly
景	12画	日 景	景	景	景				jǐng scene
滚	13画	氵 汒 浐 浐 滚 滚 滚	滚	滚	滚				gǔn roll
抱	8画	扌 抱	抱	抱	抱				bào carry in one's arms

鞋	15画 革 鞋	鞋	鞋	鞋			xié shoe
脚	11画 月 肽 脚	脚	脚	脚			jiǎo foot
伸	7画 亻 伸	伸	伸	伸			shēn stretch
叔	8画 上 卡 叔	叔	叔	叔			shū uncle
弯	9画 亠 亣 亦 峦 弯 弯	弯	弯	弯			wān yāo bend down
腰	13画 月 腰	腰	腰	腰			
梅	11画 木 梅	梅	梅	梅			méi plum
图	8画 囗 图 图	图	图	图			tú picture
松	8画 木 松	松	松	松			sōng pine
竹	6画 丿 ㇒ 亻 ㇒ 竹 竹	竹	竹	竹			zhú bamboo
奖	9画 丬 㳘 奖	奖	奖	奖			jiǎng award

2 给下列汉字注音并组词

村____（　　　）　农____（　　　）　抱____（　　　）

材____（　　　）　衣____（　　　）　报____（　　　）

即____（　　　）　梅____（　　　）　敢____（　　　）

郎____（　　　）　悔____（　　　）　取____（　　　）

滚____（　　　）

浓____（　　　）

3 阅读诗词

咏梅
毛泽东

风雨送春归,飞雪迎春到。
已是悬崖百丈冰,犹有花枝俏。
俏也不争春,只把春来报。
待到山花烂漫时,她在丛中笑。

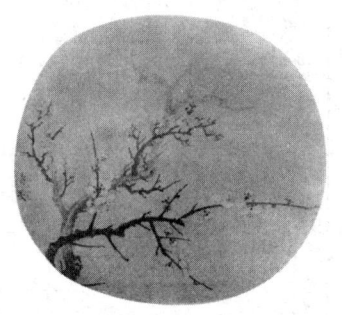

青松
陈毅

大雪压青松,青松挺且直,
要知松高洁,待到雪化时。

竹
清·郑燮

一节复一节,千枝攒万叶。
我自不开花,免撩蜂与蝶。

4 预习（查词典，给下列词语注音，并了解它们的意思）

连	笨	哈	吹	数字	简单	一半
中国通	别人	伟大	申请	专利	认为	吉利
谐音	巧克力	土豆	胡说	友谊	长久	爱情
宴会	规矩	首先	重要	领导	长辈	上座
敬酒	上菜	如果	上次	下次	干杯	代替
感情						

Lesson 20

第二十课 | Dì-èrshí Kè

一 生字

连	lián	even
简	jiǎn	simple, brief
单	dān	single
伟	wěi	great
申	shēn	to state, explain
专	zhuān	special
笨	bèn	stupid
谐	xié	harmony
巧	qiǎo	
豆	dòu	bean
胡	hú	recklessly
谊	yì	friendship
宴	yàn	banquet
矩	jǔ	rule, regulation
辈	bèi	generation
敬	jìng	respect
如	rú	if

哈		hā	aha
吹		chuī	to brag

二 字—词(词组)

简—单	简单	jiǎndān	simple
伟—大	伟大	wěidà	great
申—请	申请	shēnqǐng	to apply for
专—利	专利	zhuānlì	patent
谐—音	谐音	xiéyīn	homophonic
土—豆	土豆	tǔdòu	potato
胡—说	胡说	húshuō	to talk nonsense
友—谊	友谊	yǒuyì	friendship
宴—会	宴会	yànhuì	banquet
规—矩	规矩	guīju	rule
敬—酒	敬酒	jìng jǔ	to propose a toast
如—果	如果	rúguǒ	if
长—辈	长辈	zhǎngbèi	member of an elder generation

三 课文

数字趣话

学习汉语,除了要学好语音、语法,掌握大量的词语以外,还要了解中国文化。只有这样,才能真正学好

趣话 qùhuà (名)
witty remark

汉语。

　　汉语中的数字很容易学,可是要很好地掌握它们的用法并不那么简单。特别是刚开始学汉语的外国人,还需要了解汉语中特有的"数字文化"。

　　汉语中"八"的谐音是"发"。"发"的意思是发达、发财,所以人们喜欢数字中有"8"。如果一个号码中有几个"8",那就更好了。"518"——"吾(我)要发","888"——"发、发、发"。"九"的谐音是"久"、"就",所以"5918"更是一个特别好的数字,因为它的谐音是"吾(我)就要发"。

　　10也是一个好数字。中国人把"十"作为完整、圆满的象征,追求"十全十美"。因此出现了每年评选的"十大新闻""十佳青年""十佳体育明星"等等。

　　有没有谐音不好的数字呢?有,"4"就是一个。"四"与"死"谐音,所以人们认为它是一个不吉利的数字,不愿意号码中有这个数字。特别是不愿意在一个数字或号码中同时出

并 bìng （副）used before a negative for emphasis

特有 tèyǒu （动）peculiar

发达 fādá （形）developed
发财 fācái （动）to get rich

吾 wú （代）I (in classical Chinese)

圆满 yuánmǎn （形）satisfactory
追求 zhuīqiú （动）to pursue
十全十美 shí quán shí měi perfect
评选 píngxuǎn （动）to choose through public appraisal
佳 jiā （形）good, fine
明星 míngxīng （名）star

现"5""9""1""4",因为这样的
数字或号码会给人带来不好的联想。

上面介绍的是中国文化中人们对数字的审美观念。不同民族的文化中,人们对同一个数字可能有完全不同的看法。所以,在学习汉语的同时,还需要学习、了解一下中国文化。

联想 liánxiǎng（动）
　　to associate with

审美 shěnměi（动）
　　aesthetic

观念　guānniàn（名）
　　idea, conception

◎ 根据短文判断正误

（1）只学会了汉语语音、语法和词汇,还不能说学好了汉语。（　）
（2）汉语的数字容易学,使用也不难。（　）
（3）中国人喜欢"8",认为这是一个好数字。（　）
（4）中国人认为"10"是完整、圆满的象征。（　）
（5）汉语中也有人们认为不吉利的数字。（　）
（6）中国人对数字的看法可能与其他国家的人不一样。（　）

◎ 回答问题

（1）你了解汉语中数字表示的意义吗？
（2）为什么中国人喜欢在18号结婚、开业？

四　练习

① 快速找出与左边相同的词

简单：菜单　简直　简要　简单
申请：申诉　申报　申请　事情
友谊：友情　友谊　便宜　有意

长久：好久　长处　长久　卡车
代替：替代　代表　代替　交替
重要：首要　重量　需要　重要

② 用下列汉字组词

长　友　伟　简　谐　代　宴　专　申　感　吉　规　爱　领　首　胡　如

先　导　矩　利　果　请　情　替　说　音　单　谊　大　会　久　辈　动

_____

_____

③ 在下面的空格中填上一个汉字，使其上下、左右各成为一个词（词组）

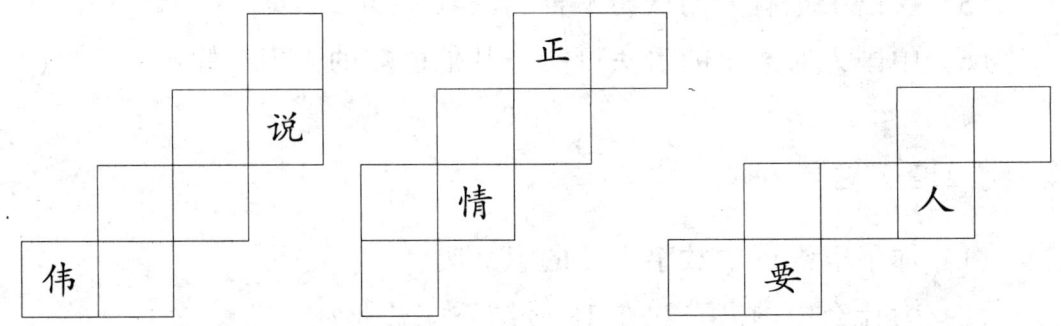

④ 选词填空

(1) 这事很_____做，我来办吧。　　　　　　　　　（简单 / 容易）

(2) 我已经_____了明年的奖学金。　　　　　　　　（申请 / 要求）

(3) 下星期英国_____代表团将访问中国。　　　　　（友好 / 友谊）

(4) 十个_____中我最喜欢"8"，我的生日是8月8日，学生证的_____也有"8"。　　　　　　　　　　　　　　（数字 / 号码）

(5) 参加 HSK 考试一定要带护照或身份证，其他证件不能_____。　　　　　　　　　　　　　　　　　　　　　（替 / 代替）

(6) 今天王教授要讲三个问题：_____讲汉字的历史，接着讲汉字的发展，最后讲汉字的简化。　　　　　　　（先 / 首先）

(7) 在学校要遵守学校的_____，在家也要遵守家里的_____。
　　　　　　　　　　　　　　　　　　　　　　　　（规则 / 规矩）

(8) 我觉得你的_____问题是说得太少。要知道，学好外语，说是很_____的。　　　　　　　　　　　　（重要 / 主要）

五　课外练习

① 描、写汉字

连	7画 车连	连	连	连		lián even
简	13画 ⺮简	简	简	简		jiǎndān simple
单	8画 丷甾单	单	单	单		
伟	6画 亻亻仁伫伟	伟	伟	伟		wěi great
申	5画 曰申	申	申	申		shēn apply
专	4画 二专专	专	专	专		zhuān special
笨	11画 ⺮笨	笨	笨	笨		bèn stupid
谐	11画 讠讻谐	谐	谐	谐		xié harmony
巧	5画 工工巧	巧	巧	巧		qiǎo
豆	7画 一口豆豆	豆	豆	豆		dòu bean

159

胡	9画 古 胡	胡	胡	胡				hú
谊	10画 讠 谊	谊	谊	谊				yì friendship
宴	10画 宀 官 宴	宴	宴	宴				yàn banquet
矩	9画 矢 矢' 矢! 矢⁻ 矩	矩	矩	矩				jǔ rules
辈	12画 非 辈	辈	辈	辈				bèi generation
敬	12画 艹 芍 苟 敬	敬	敬	敬				jìng respect
如	6画 女 如	如	如	如				rú if
哈	9画 口 哈	哈	哈	哈				hā aha
吹	7画 口 吹	吹	吹	吹				chuī brag

② 给下列汉字注音并组词

矩____（　　　）　　如____（　　　）　　谐____（　　　）

短____（　　　）　　扣____（　　　）　　谱____（　　　）

连____（　　　）　　吹____（　　　）　　简____（　　　）

选____（　　　）　　欢____（　　　）　　筒____（　　　）

③ 阅读短文

"巧克力"

"巧克力"是英文 chocolate 的汉译词。在翻译外文词语时，汉语一般采用意译，也就是用汉语把外文词语的意思表达出来，比如英文的 computer，汉语译做"计算机"，意思是"能进行数学运算的机器"；underground railway 汉语译做"地铁"，意思是"修建在地下隧道中的铁道"。有时，人们采用意译、音译相结合的方法翻译外文词语，比如英文的 beer，汉语译做"啤酒"；hamburger 汉语译做"汉堡包"；bar 汉语译做"酒吧"。还有一些词，就像"巧克力"一样，完全采用音译，比如"咖啡"译自英文的 coffee，"沙发"译自英文的 sofa，"克拉"译自法文的 carat。在现代汉语中，还有个别的外文词语直接以其外文形式（常为缩写）出现，比如"做 CT"，"照 X 光"，这里的 CT、X 都是外文字母。

● 回答问题

(1) 在翻译外文词语时，汉语一般采用几种方法？
(2) 本文介绍了几种汉译外文词语的方法？你认为哪种比较好？为什么？

汉字总表　Character Index

（本表共有生字 399 个，均为本册书教写过的生字）

A

按	àn	（5）
暗	àn	（13）
袄	ǎo	（10）

B

拔	bá	（9）
把	bǎ	（12）
摆	bǎi	（10）
扳	bān	（13）
搬	bān	（11）
板	bǎn	（6）
扮	bàn	（11）
棒	bàng	（7）
保	bǎo	（8）
抱	bào	（19）
背	bèi	（16）
倍	bèi	（8）
被	bèi	（14）
辈	bèi	（20）
笨	bèn	（20）
鼻	bí	（6）
闭	bì	（8）
避	bì	（3）
变	biàn	（1）
标	biāo	（7）
宾	bīn	（12）
冰	bīng	（3）
兵	bīng	（18）
播	bō	（17）
布	bù	（12）

C

擦	cā	（12）
猜	cāi	（15）
财	cái	（3）
彩	cǎi	（12）
餐	cān	（5）
册	cè	（2）
曾	céng	（5）
插	chā	（9）
察	chá	（18）
产	chǎn	（2）
尝	cháng	（11）
承	chéng	（7）
城	chéng	（1）
乘	chéng	（13）
程	chéng	（7）
池	chí	（3）
迟	chí	（3）
抽	chōu	（9）

162

除	chú	(9)	冬	dōng	(1)
础	chǔ	(17)	豆	dòu	(20)
楚	chǔ	(4)	度	dù	(1)
穿	chuān	(10)			
传	chuán	(15)	**E**		
船	chuán	(18)	饿	è	(18)
喘	chuǎn	(16)	而	ér	(2)
窗	chuāng	(12)	耳	ěr	(5)
吹	chuī	(20)			
春	chūn	(2)	**F**		
辞	cí	(7)	罚	fá	(14)
醋	cù	(18)	烦	fán	(4)
村	cūn	(19)	放	fàng	(2)
			费	fèi	(14)
D			氛	fēn	(10)
呆	dāi	(17)	奋	fèn	(9)
袋	dài	(7)	丰	fēng	(11)
戴	dài	(10)	风	fēng	(3)
担	dān	(15)	扶	fú	(13)
单	dān	(20)	副	fù	(10)
诞	dàn	(11)	傅	fù	(4)
导	dǎo	(6)	富	fù	(11)
倒	dǎo	(8)			
登	dēng	(13)	**G**		
底	dǐ	(16)	该	gāi	(3)
第	dì	(5)	改	gǎi	(2)
雕	diāo	(18)	盖	gài	(11)
调	diào	(6)	赶	gǎn	(8)
掉	diào	(8)	敢	gǎn	(19)
丁	dīng	(18)	钢	gāng	(5)
丢	diū	(7)	搞	gǎo	(17)

告	gào	(12)		**J**	
歌	gē	(1)			
革	gé	(2)	基	jī	(17)
格	gé	(15)	吉	jí	(12)
各	gè	(9)	即	jí	(19)
根	gēn	(9)	急	jí	(3)
够	gòu	(7)	计	jì	(15)
估	gū	(15)	际	jì	(17)
古	gǔ	(1)	季	jì	(2)
骨	gǔ	(14)	系	jì	(13)
刮	guā	(2)	继	jì	(17)
挂	guà	(10)	甲	jiǎ	(18)
管	guǎn	(12)	架	jià	(9)
光	guāng	(1)	捡	jiǎn	(3)
规	guī	(8)	简	jiǎn	(20)
滚	gǔn	(19)	建	jiàn	(1)
			将	jiāng	(3)
H			讲	jiǎng	(10)
哈	hā	(20)	奖	jiǎng	(19)
寒	hán	(18)	交	jiāo	(7)
汗	hàn	(16)	跤	jiāo	(8)
憾	hàn	(11)	脚	jiǎo	(19)
盒	hé	(9)	街	jiē	(14)
忽	hū	(9)	解	jiě	(15)
胡	hú	(20)	戒	jiè	(14)
互	hù	(6)	界	jiè	(1)
护	hù	(7)	紧	jǐn	(14)
滑	huá	(3)	锦	jǐn	(7)
划	huà	(18)	睛	jīng	(6)
坏	huài	(3)	精	jīng	(7)
婚	hūn	(3)	景	jǐng	(19)

警	jǐng	(19)
敬	jìng	(20)
镜	jìng	(8)
纠	jiū	(16)
究	jiū	(2)
灸	jiǔ	(5)
矩	jǔ	(20)
据	jù	(9)
决	jué	(15)

K

扛	káng	(10)
烤	kǎo	(5)
靠	kào	(3)
棵	kē	(11)
渴	kě	(18)
克	kè	(10)
肯	kěn	(15)
空	kōng	(11)
孔	kǒng	(6)
恐	kǒng	(16)
苦	kǔ	(4)
狂	kuáng	(7)
困	kùn	(9)

L

辣	là	(18)
览	lǎn	(4)
缆	lǎn	(16)
郎	láng	(10)
浪	làng	(14)

累	lèi	(9)
冷	lěng	(2)
李	lǐ	(13)
历	lì	(2)
立	lì	(17)
连	lián	(20)
联	lián	(11)
脸	liǎn	(15)
凉	liáng	(3)
量	liáng	(6)
亮	liàng	(1)
淋	lín	(14)
领	lǐng	(10)
笼	lóng	(10)
落	luò	(3)

M

麻	má	(4)
麦	mài	(10)
脉	mài	(5)
梅	méi	(19)
霉	méi	(8)
迷	mí	(1)
棉	mián	(10)
命	mìng	(14)
摸	mō	(5)
摩	mó	(5)
末	mò	(2)
慕	mù	(15)

N

闹	nào	(10)

内	nèi	(15)		区	qū	(3)
娘	niáng	(10)		曲	qǔ	(1)
农	nóng	(19)		取	qǔ	(4)
暖	nuǎn	(1)		圈	quān	(12)
				裙	qún	(10)

P

R

怕	pà	(16)
拍	pāi	(9)		热	rè	(2)
排	pái	(6)		如	rú	(20)
牌	pái	(13)
盘	pán	(9)	**S**
佩	pèi	(7)
碰	pèng	(8)		洒	sǎ	(13)
骗	piàn	(14)		扫	sǎo	(12)
漂	piào	(1)		沙	shā	(12)
谱	pǔ	(15)		傻	shǎ	(14)
				伤	shāng	(14)
Q				捎	shāo	(4)
				社	shè	(6)
妻	qī	(3)		摄	shè	(10)
卡	qiǎ	(13)		申	shēn	(20)
签	qiān	(7)		伸	shēn	(19)
墙	qiáng	(10)		神	shén	(7)
巧	qiǎo	(20)		声	shēng	(4)
且	qiě	(2)		圣	shèng	(11)
切	qiè	(2)		胜	shèng	(16)
亲	qīn	(12)		湿	shī	(14)
琴	qín	(5)		识	shí	(12)
轻	qīng	(1)		史	shǐ	(2)
清	qīng	(4)		使	shǐ	(4)
秋	qiū	(2)		世	shì	(1)
求	qiú	(4)		市	shì	(1)

· 166 ·

似	shì	(14)		停	tíng	(3)
饰	shì	(11)		统	tǒng	(15)
匙	shì	(9)		偷	tōu	(14)
收	shōu	(6)		突	tū	(17)
守	shǒu	(8)		图	tú	(19)
首	shǒu	(14)		土	tǔ	(4)
受	shòu	(14)		腿	tuǐ	(14)
叔	shū	(19)		托	tuō	(13)
暑	shǔ	(1)				
薯	shǔ	(5)		**W**		
术	shù	(15)		弯	wān	(19)
树	shù	(3)		危	wēi	(16)
摔	shuāi	(8)		维	wéi	(9)
帅	shuài	(10)		伟	wěi	(20)
松	sōng	(19)		未	wèi	(3)
送	sòng	(4)		温	wēn	(1)
俗	sú	(18)		无	wú	(16)
诉	sù	(12)		武	wǔ	(15)
随	suí	(11)		务	wù	(10)
T				**X**		
它	tā	(12)		洗	xǐ	(8)
糖	táng	(5)		细	xì	(5)
趟	tàng	(4)		峡	xiá	(18)
掏	tāo	(13)		夏	xià	(2)
讨	tǎo	(4)		仙	xiān	(12)
梯	tī	(9)		险	xiǎn	(16)
甜	tián	(5)		线	xiàn	(18)
挑	tiāo	(9)		羡	xiàn	(15)
贴	tiē	(7)		乡	xiāng	(3)
庭	tíng	(1)		祥	xiáng	(12)

向	xiàng	(4)		艺	yì	(15)
相	xiàng	(4)		议	yì	(10)
像	xiàng	(7)		谊	yì	(20)
协	xié	(5)		引	yǐn	(8)
谐	xié	(20)		营	yíng	(3)
鞋	xié	(19)		应	yìng	(12)
血	xiě	(14)		硬	yìng	(13)
辛	xīn	(4)		拥	yōng	(8)
幸	xìng	(12)		俑	yǒng	(18)
性	xìng	(15)		尤	yóu	(3)
修	xiū	(9)		由	yóu	(6)
需	xū	(6)		油	yóu	(8)
许	xǔ	(1)		于	yú	(9)
续	xù	(13)		雨	yǔ	(2)
选	xuǎn	(9)		遇	yù	(14)
雪	xuě	(2)		圆	yuán	(12)
				约	yuē	(4)
Y				越	yuè	(11)
鸭	yā	(5)				
呀	ya	(6)		**Z**		
烟	yān	(14)		暂	zàn	(7)
研	yán	(2)		枣	zǎo	(11)
眼	yǎn	(6)		造	zào	(8)
宴	yàn	(20)		则	zé	(8)
腰	yāo	(19)		增	zēng	(1)
邀	yāo	(17)		扎	zhā	(5)
遥	yáo	(1)		宅	zhái	(11)
钥	yào	(9)		展	zhǎn	(4)
夜	yè	(2)		着	zháo	(3)
遗	yí	(11)		争	zhēng	(16)
椅	yǐ	(12)		整	zhěng	(8)

证	zhèng	(7)	筑	zhù	(1)
之	zhī	(8)	专	zhuān	(20)
织	zhī	(6)	装	zhuāng	(11)
址	zhǐ	(17)	撞	zhuàng	(14)
治	zhì	(5)	桌	zhuō	(12)
置	zhì	(12)	奏	zòu	(5)
竹	zhú	(19)	族	zú	(18)
助	zhù	(6)	组	zǔ	(6)
注	zhù	(4)	遵	zūn	(8)

词汇表 Vocabulary

（本表中所列词语均为本册书"课文"中出现的生词）

A

安全	ānquán	(8)

B

白话	báihuà	(9)
包括	bāokuò	(5)
包机	bāojī	(13)
宝	bǎo	(19)
宝贵	bǎoguì	(5)
北方	běifāng	(2)
贝壳	bèiké	(3)
本领	běnlǐng	(16)
比如	bǐrú	(6)
笔	bǐ	(4)
笔名	bǐmíng	(9)
并	bìng	(20)
并且	bìngqiě	(9)
不然	bùrán	(14)

C

才华	cáihuá	(18)
材料	cáiliào	(18)
采用	cǎiyòng	(13)
称为	chēngwéi	(19)
称赞	chēngzàn	(17)
成功	chénggōng	(14)
成就	chéngjiù	(9)
乘凉	chéng liáng	(11)
重新	chóngxīn	(12)
初	chū	(2)
除了	chúle	(6)
处理	chǔlǐ	(13)
窗口	chuāngkǒu	(17)
创作	chuàngzuò	(9)
刺激	cìjī	(5)
错字	cuòzì	(4)

D

打雪仗	dǎ xuězhàng	(2)
大部分	dà bùfen	(4)
戴	dài	(8)
单元	dānyuán	(11)
单体	dāntǐ	(13)
到处	dàochù	(2)
道	dào	(8)
等	děng	(4)
等候	děnghòu	(13)
地毯	dìtǎn	(12)
奠基	diànjī	(9)
东方	dōngfāng	(1)
独	dú	(19)

· 170 ·

独立	dúlì	(11)		广泛	guǎngfàn	(19)
段	duàn	(14)		规定	guīdìng	(4)
堆雪人	duī xuěrén	(2)		柜台	guìtái	(13)
对手	duìshǒu	(16)		国界	guójiè	(1)

F

发财	fā cái	(20)
发达	fādá	(20)
反对	fǎnduì	(14)
反感	fǎngǎn	(14)
方言	fāngyán	(17)
分明	fēnmíng	(2)
粉	fěn	(2)
丰富多彩	fēngfù duōcǎi	(3)
封闭	fēngbì	(11)
扶	fú	(8)
浮力	fúlì	(3)

H

海滨	hǎibīn	(3)
海关	hǎiguān	(13)
海棠	hǎitáng	(11)
含义	hányì	(15)
航站楼	hángzhànlóu	(13)
合资	hézī	(10)
呼唤	hūhuàn	(1)
绘画	huìhuà	(15)

G

改	gǎi	(4)
干燥	gānzào	(2)
赶(车)	gǎn(chē)	(16)
感情	gǎnqíng	(1)
钢琴	gāngqín	(1)
高洁	gāojié	(19)
歌星	gēxīng	(1)
根	gēn	(19)
更加	gèngjiā	(3)
共计	gòngjì	(17)
贡献	gòngxiàn	(5)
观念	guānniàn	(20)

J

吉他	jítā	(1)
记得	jìde	(4)
技术	jìshù	(5)
加深	jiāshēn	(1)
佳	jiā	(20)
价值	jiàzhí	(19)
奸诈	jiānzhà	(15)
坚强	jiānqiáng	(19)
减少	jiǎnshǎo	(8)
简便	jiǎnbiàn	(5)
简单	jiǎndān	(15)
将近	jiāngjìn	(2)
讲究	jiǎngjiu	(11)
讲座	jiǎngzuò	(7)
奖	jiǎng	(1)

奖品	jiǎngpǐn	(4)
交流	jiāoliú	(1)
郊	jiāo	(13)
叫做	jiàozuò	(11)
教育	jiàoyù	(9)
结	jiē	(11)
紧张	jǐnzhāng	(6)
晶莹	jīngyíng	(18)
精力	jīnglì	(3)
灸灼	jiǔzhuó	(5)
居住	jūzhù	(11)
卷	juàn	(9)
决定	juédìng	(14)

K

| 课余 | kèyú | (6) |

L

落	là	(16)
来自	láizì	(17)
浪	làng	(3)
理解	lǐjiě	(7)
联系	liánxì	(15)
联想	liánxiǎng	(20)
恋爱	liàn'ài	(10)
疗法	liáofǎ	(5)
淋漓尽致	línlí jìnzhì	(15)
灵性	língxìng	(18)
另外	lìngwài	(12)
落后	luòhòu	(16)
绿化	lǜhuà	(11)

M

麻醉	mázuì	(5)
毛笔	máobǐ	(4)
满足	mǎnzú	(13)
美化	měihuà	(18)
美丽	měilì	(2)
密切	mìqiè	(15)
免税	miǎn shuì	(13)
民俗	mínsú	(6)
民族	mínzú	(1)
明星	míngxīng	(20)

N

| 内院 | nèiyuàn | (11) |

P

怕	pà	(4)
牌儿	páir	(10)
配合	pèihé	(16)
飘	piāo	(2)
平均	píngjūn	(2)
平时	píngshí	(4)
评选	píngxuǎn	(20)
破	pò	(8)
铺	pū	(12)

Q

其实	qíshí	(7)
强大	qiángdà	(1)
强调	qiángdiào	(15)

桥梁	qiáoliáng	(17)
亲身	qīnshēn	(6)
青	qīng	(19)
清新	qīngxīn	(2)
情感	qínggǎn	(18)
趣话	qùhuà	(20)

S

山川	shānchuān	(6)
申报	shēnbào	(13)
审美	shěnměi	(20)
生动	shēngdòng	(18)
生机	shēngjī	(19)
生气	shēngqì	(18)
十全十美	shí quán shí měi	(20)
十字路口	shízì lùkǒu	(8)
石榴	shíliu	(11)
收拾	shōushi	(12)
手术	shǒushù	(5)
首都	shǒudū	(2)
思想	sīxiǎng	(9)
损害	sǔnhài	(14)

T

太极剑	tàijíjiàn	(3)
弹	tán	(1)
特定	tèdìng	(15)
特有	tèyǒu	(20)
天地	tiāndì	(18)
听说	tīngshuō	(10)
听众	tīngzhòng	(17)
通过	tōngguò	(5)
同事	tóngshì	(10)
同意	tóngyì	(16)
图案	tú'àn	(15)

W

外科	wàikē	(5)
晚辈	wǎnbèi	(11)
王子	wángzǐ	(16)
伟大	wěidà	(9)
未来	wèilái	(14)
位于	wèiyú	(13)
文学	wénxué	(9)
吾	wú	(20)
武术	wǔshù	(3)
舞台	wǔtái	(15)

X

西方	xīfāng	(1)
习俗	xísú	(7)
喜爱	xǐ'ài	(19)
戏剧	xìjù	(15)
先进	xiānjìn	(13)
现状	xiànzhuàng	(17)
想象力	xiǎngxiànglì	(18)
象征	xiàngzhēng	(19)
写意	xiěyì	(15)
心声	xīnshēng	(18)
欣赏	xīnshǎng	(17)
新颖	xīnyǐng	(10)
形成	xíngchéng	(11)
穴位	xuéwèi	(5)
旬	xún	(2)

Y

遗产	yíchǎn	(5)
意义	yìyì	(10)
音频	yīnpín	(17)
印象	yìnxiàng	(12)
影响	yǐngxiǎng	(14)
用途	yòngtú	(19)
由……组成	yóu…zǔchéng	(7)
游泳池	yóuyǒngchí	(3)
游园	yóuyuán	(18)
娱乐	yúlè	(17)
原名	yuánmíng	(9)
圆满	yuánmǎn	(20)
岳父	yuèfù	(14)
云	yún	(2)

Z

增进	zēngjìn	(1)
盏	zhǎn	(18)
展现	zhǎnxiàn	(18)
长辈	zhǎngbèi	(11)
掌握	zhǎngwò	(7)
针刺	zhēncì	(5)
正房	zhèngfáng	(11)
正直	zhèngzhí	(15)
知识	zhīshi	(17)
直接	zhíjiē	(13)
植物	zhíwù	(19)
止	zhǐ	(5)
只要	zhǐyào	(8)
忠勇	zhōngyǒng	(15)
种	zhòng	(10)
重要	zhòngyào	(8)
竹笋	zhúsǔn	(19)
注意力	zhùyìlì	(16)
著名	zhùmíng	(9)
撞	zhuàng	(8)
追求	zhuīqiú	(20)
字	zì	(12)
字面	zìmiàn	(7)
字帖	zìtiè	(4)
作品	zuòpǐn	(9)

专有名词

北京师范大学	Běijīng Shīfàn Dàxué	(9)
贝多芬	Bèiduōfēn	(1)
春江花月夜	Chūnjiāng Huāyuè Yè	(1)
二泉映月	Èrquán Yìng Yuè	(1)
《狂人日记》	Kuángrén Rìjì	(9)
《鲁迅全集》	Lǔ Xùn Quánjí	(9)
莫扎特	Mòzhātè	(1)
绍兴	Shàoxīng	(9)
肖邦	Xiāobāng	(1)
浙江	Zhèjiāng	(9)
中山大学	Zhōngshān Dàxué	(9)